帮助100万
中国企业实现
现金流转型

《创新式增长》策略班
——冲出重围5.0

《创新式增长》策略班
——冲出重围 5.0

27种盈利模式

之十大商业模式

王冲　朱权鑫◎著

实操工具书

中国商业出版社

图书在版编目（CIP）数据

27种盈利模式之十大商业模式实操工具书 / 王冲，
朱权鑫著. -- 北京 ：中国商业出版社，2024. 8.
ISBN 978-7-5208-3014-0

Ⅰ.F71

中国国家版本馆 CIP 数据核字第 20242H9Q30 号

责任编辑：郝永霞

策划编辑：佟 彤

中国商业出版社出版发行

（www.zgsycb.com 100053 北京广安门内报国寺1号）

总编室：010-63180647 编辑室：010-83118925

发行部：010-83120835/8286

新华书店经销

三河市冠宏印刷装订有限公司印刷

*

710 毫米 ×1000 毫米 16 开 14.25 印张 190 千字

2024 年 8 月第 1 版 2024 年 8 月第 1 次印刷

定价：199.00 元

* * * *

（如有印装质量问题可更换）

目 CONTENTS 录

 模式 1

万能合伙人

模式 2

退休模式

模式 1

万能合伙人

多元合伙:
众人拾柴火焰高

　　时代的浪潮不可阻挡,在商业舞台上,更是大浪淘沙,竞争激烈。而且这样的竞争在今天是更加直观与可量化的。你看,数以万计的企业借着时代的东风扶摇直上,也有数不清的企业在竞争中跟跄退场。众所周知,成功的时机往往稍纵即逝,仅凭个人的努力,在今日也稍显单薄。企业要想在激烈的市场竞争中脱颖而出,就需要不断创新和寻找新的商业模式。在很多时候,选择远比努力更重要,而"众人拾柴火焰高"的万能合伙人模式则是一种极具潜力的商业模式。

　　雇佣制是一种传统的企业组织形式,在这种模式下,企业的所有权与经营权通常是分离的,企业经营的风险也主要由所有者或股东承担,员工的责任和风险相对较小。虽然雇佣制下的企业管理结构较清晰,但也极易因为雇佣关系中的员工仅需承担微小的风险,从而出现人才流失、员工不尽力的局面。如果把企业经营比作水上行舟,那么普通雇佣模式下的员工与公司远远达不到共生的条件,很难同舟共济。因此,在企业遇到经济危机时,员工与企业也往往是大难临头各自飞。可见,两者只能同福,难以共患,这对处于危难时刻的企业而言,打击也是巨大的。

并且，由于企业有着固定频率的薪水发放时间，一些员工的工作主动性会降低，消极劳动的占比会增加，企业的创新往往举步维艰。随着员工福利的上涨，企业所面临的劳动力成本或许会成为其沉重的负担。

而万能合伙人则是一种更为新颖、更具有竞争力的商业模式，它强调多元合伙，通过整合各方资源，实现互利共赢。广义上的合伙人是指在一个合伙企业或合作项目中共同参与经营、分享利润和承担风险的个人或组织。在合伙人模式下的企业，员工与企业从单纯的雇佣关系演变成资本与劳动的合作，形成深度的利益共同体，这样抗风险能力更强。通过联手合伙发展企业，分享利润，共同成长，能够将合伙人紧密地联系起来，以此达到双赢的最终目标。

万能合伙人模式揭示了现代社会对于合作、共享和创新的渴望，它的灵活性很强。首先，它优化了传统的商业规则，企图把传统合伙人"1+1=2"的简单盈利模式转化为更丰富更高效的"1+1>2"模式。其次，它打破了传统的合作框架，形成一种对于现实的新视角，也是一种对于商业世界的重新解读。这样的构建使得企业能够共享资源，分散风险，增强了创新能力。

早在 2010 年的 7 月，阿里巴巴便前瞻性地推出了合伙人制度，以此来协助企业发展壮大，在这个过程中也保留了其使命、愿景及价值观。

阿里巴巴与众多物流企业，如顺丰、圆通等建立了合作关系，共同构建了一个庞大的物流网络。在这个网络中，它可以充分利用物流企业的运输资源，而物流企业也可以借助阿里巴巴的电商平台获取更多的订单。这种资源共享的方式，使得阿里巴巴能够提供更高效、更便捷的物流服务，同时也帮助物流企业提高了业务量和效率。它与蚂蚁金服的合作也同样是利用了合伙人模式下资源共享的优势：阿里巴巴可以充分利用蚂蚁金服的资金和风控资源，为用户提供便捷的支付和金融服务。

在合伙人模式下，阿里巴巴积极地与菜鸟构建合作关系。菜鸟作为一个创新的物流技术平台，通过引入先进的物流技术和算法，提升了整个物流行业的效率和服务水平。菜鸟物流技术的提升，也大大促进了阿里巴巴自身的物流能力和用户使用体验感。这样一来，用户黏性也大大增强，其竞争力也更强于同类企业。

阿里巴巴与物流企业、金融机构、制造商等不同领域的合作伙伴一起，充分发挥各自优势，成功地构建了一个庞大的商业生态系统。这种多元合伙的方式，使得阿里巴巴能够在激烈的市场竞争中脱颖而出，从小小的杭州公寓中蜗居的一家公司变成今日不可撼动的行业标杆。

2008 年成立于美国的一个旅行房屋租赁网站的爱彼迎（Airbnb），也同样采用了万能合伙人这一模式。与阿里巴巴不同的是，爱彼迎直接将房东与租客联结了起来，实现了闲置住宿资源的共享。房东可以将自己的闲置房间或整套房子出租给租客，而租客则可以找到各种类型的房间，从中进行选择。房东能够利用自己的房产资源，提高房产的利用率并获得额外的收入；同时，租客也能够享受到更多样化、更具个性化的住宿体验。通过爱彼迎的平台，房东和租客之间的资源共享成为可能，双方都能够从中受益。

爱彼迎合伙人制度的成功，不仅仅在于它能够高效利用闲置资源，更重要的还在于它利用网络平台，将房屋租赁的两个主体——房东与租客，直接地绑定在了一起，使得他们成为牢固的利益共生体，大大分散了租赁过程中可能出现的风险，减轻了房东肩头的压力。与传统的长期租赁相比，爱彼迎的短期租赁也能够带来更灵活的收入，同时还减少了房东依赖于单一租客的风险。

无论是阿里巴巴还是爱彼迎，它们的成功都不是通过单打独斗得来的。它们都深谙合伙之道，掌握合伙之法，通过共享、共担、共创，与合伙人形成了深度的命运共同体，使得企业发展的道路走得越来越宽、越来越深、越来越远。想要创业的群体，更应该学习前人成功的经验，知晓万能合伙人这一模式能为企业带来广阔的前景，并应用到企业自身发展中去。

精挑细选：
寻觅最佳搭档

在商海中航行，一个可靠的商业搭档就如同航船的舵手，能帮助我们在激烈的市场竞争中把握方向，更好地驾驭企业之舟。但"旷世奇才罕见，黄金搭档难觅"，寻找一个与自身企业愿景和文化相契合的优秀商业合作人是比较困难的，这不仅需要深入地了解和评估潜在合伙人的能力和信誉，还需要对其个人价值观和职业道德有一个准确的判断。

理想的商业合伙人往往具有特别的能力，能够给企业带来独特的资源，比如为企业带来新的客户、市场和技术等资源，从而实现二者的优势互补。例如，一个擅长市场推广的合伙人可以弥补企业在市场营销方面的不足，帮助企业增加市场份额。一个擅长研发的合伙人可以提升企业的创新能力，帮助企业不断推出新产品和新技术。而一个糟糕的合伙人带来的危害不亚于一位关键人才的流失。他们的存在，可能会引起团队内部的矛盾和不满，出现了"劣币驱逐良币"的现象，以致优秀员工离职，从而影响了企业的正常运营和发展。

那么，在人才市场中，企业应采取哪些策略来甄别和挑选出理想的商业合伙人呢？简要来说，应该符合以下四个标准：志同道合、取长补短、互信互尊、通力合作。

首先，企业需要清晰地定义自身的业务目标和所寻找合伙人的关键特质，如专业技能、经验、资源和人脉等。这有助于在茫茫人海中快速定位最合适的候选人。选择合伙人，不仅要看双方是否互补，更重要的是审视彼此的价值观是否相合。企业的价值观是企业文化的重要组成部分，是企业的灵魂和指引，它影响着企业的决策、行为和未来发展。只有当合伙人的价值观都相符时，才能保证合伙人关系的稳定和长久。这就是上文提到的志同道合、取长补短。

志同道合的伙伴不会从天而降，在商业世界中，寻找合适的合伙人往往需要主动出击，通过各种渠道去寻找并建立联系。譬如行业内的各种会议、研讨会、展览等活动就是结识同行和潜在合伙人的绝佳场所。这些活动通常汇集了业界的精英和专家，为企业家提供了一个面对面交流的平台。除此之外，互联网提供的职业社交平台，如 LinkedIn（领英）等，能够有效地筛选出潜在的合作伙伴，为后续的合作打下坚实的基础。此外，通过人与人之间不断延伸的社交网络，企业还可以发展出更多值得信任的合作伙伴。长此以往，通过不断的努力和积累，企业将形成一个属于自己的、正向的人际链。

"万能合伙人"模式作为一种先进的商业模式或合作策略，能够为企业和个人提供强大的发展动力。但是再优秀的工具和方法，也需要在适宜的环境下才能发挥其最大的价值。这就好比有一把精良的剑，它只有落在熟练的剑客手中，才能发挥其削铁如泥的威力。所以优秀的人才，正是该模式发挥作用的基石。想要充分发挥万能合伙人模式的作用，就需要在学习上述几点用人之道上下足功夫。

第三节

创新驱动：
激发团队潜能

在寻觅到令人满意的合伙人之后，下一步便是深化合作，携手打造一个充满活力、执行力强的团队。对于组织或团队而言，如何激发团队的创新潜能，以创新驱动发展，都是摆在面前的重要课题。

诺基亚曾是手机行业的巨头，然而随着时代发展，其在智能手机的创新上未能跟上时代的步伐，由于它一直坚持自己的 Symbian（塞班）操作系统，最终被快速崛起的苹果 iOS 和谷歌 Android（安卓）系统所淘汰，无奈退出历史舞台。相比之下，华为鸿蒙系统则走出了完全不同的道路。面对激烈的市场竞争，华为积极投入研发，打造出一款具有创新性和竞争力的全新操作系统。诺基亚 Symbian 系统的失败和华为鸿蒙系统的成功，给我们带来了深刻的启示。由此可见，一个企业，要想在激烈的市场竞争中立于不败之地，就必须注重创新。

"创新就是要将别人已经想出来的东西组合在一起，创造出新的东西。"这是乔布斯在 1994 年接受《连线》杂志采访时对创新所下的定义。而被誉为"创新理论"鼻祖的熊彼特，则拥有更为系统和完善的理论，他提出了"五种类型的创新"，即产品创新、技术创新、市场创新、资源配置创新、组织创新。

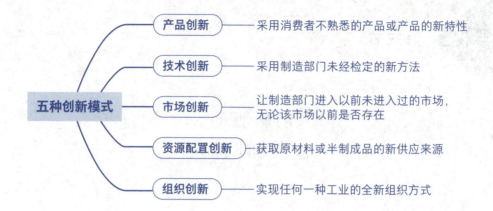

五种创新模式
- 产品创新 —— 采用消费者不熟悉的产品或产品的新特性
- 技术创新 —— 采用制造部门未经检定的新方法
- 市场创新 —— 让制造部门进入以前未进入过的市场，无论该市场以前是否存在
- 资源配置创新 —— 获取原材料或半制成品的新供应来源
- 组织创新 —— 实现任何一种工业的全新组织方式

创新驱动经济的特点在于，它强调技术创新和知识产权在推动经济发展中的主导作用。与传统经济模式相比，创新经济更加注重提高生产效率、降低成本、提高产品质量，以及提供更好的产品和服务。在创新经济中，企业和政府在其中扮演着重要的角色。企业是创新经济的主体，它需要投入大量的资源进行研发，以提高自身的竞争力。同时，企业还需要与政府、高校和科研机构等合作，共同推动创新经济的发展。而政府在这个过程中扮演着政策制定者和引导者的角色，通过制定相关政策和提供资金支持，鼓励企业进行技术创新和知识产权保护。

笔者认为，在这个时代，创新不仅仅是技术的进步，也不仅仅是产品的更新换代，它更是一种思维方式，一种解决问题的方法。在这个过程中，观念创新、管理创新、方法创新和激励机制，这四大要点是激发团队潜能、提升团队竞争力的关键所在。

1. 观念创新与团队构建

观念创新是创新思维的基石，它是对传统观念的挑战，也是对传统观念的重新定义。在现代社会，随着科技的迅猛发展和全球化的发展趋势，人们的观念只有不断更新，才能适应新的环境和需求。观念创新不仅仅是思想上的突破，更是对现实问题的深刻反思和对未来趋势的前瞻性把握。例如，从工业时代的"生产导向"转变为信息时代的"客户导向"，就是一种观念上的创新，它改变了企业的经营理念和运作模式。

2. 管理创新与团队协作

熊彼特强调，创新的主体是"企业家"，他们必须具备预测能力、组织能力和说服能力，以推动创新活动的实现。同时，他认为信用制度是企业家实现创新的经济条件，因为创新活动所需要的资本往往是由资本市场提供的。在管理实践中，创新意味着通过优化组织结构、改进管理流程、提升决策效率等方式，使组织更具有适应性和灵活性。例如，从传统的命令控制型管理模式，转向更加注重员工参与、协作和赋权的扁平化管理模式，就是一种管理上的创新。这种创新能够激发员工的创造力和积极性，提高组织的整体效率和竞争力。

3. 方法创新与团队效能

在各个领域，人们都在不断探索新的工作方法和尝试新的工具，以提高工作效率和产品质量。例如"头脑风暴"（Brainstorming），旨在激发团队成员的想象力和创造力，通过集体讨论的方式快速产生和收集各种想法和解决方案。这种方法鼓励参与者自由地表达他们的观点，不受任何限制和评判，旨在建立一个开放和自由的环境，让每个人的想法都能得到充分的表达。还有设计思维（Design Thinking），这是一种以人为本进行迭代和协作来解决问题的方法论。它将设计的原则和策略应用于非设计领域，从而得以创造性地解决复杂问题。设计思维强调对用户需求的深入理解，主要通过同理心、创意构思、原型制作和测试等阶段来发现、定义和解决问题。

4. 激励机制与团队活力

创新激励机制是激发企业和个人进行创新活动的关键。通过奖励和激励措施，如奖金、股权激励、专利权和税收优惠等，可以有效地鼓励企业和员工投入更多的时间和资源进行创新。这有助于提高企业和员工的创新积极性，促进创新成果的不断涌现。对于创业者而言，建立合理的创新激励机制对于激发团队潜能至关重要，因为它能够提高团队成员的积极性和创造力，从而提升企业的创新能力和竞争力。

　　然而，创新的过程并非一帆风顺的，它常常伴随着风险和不确定性，有时甚至面临失败。例如，谷歌智能眼镜（Google Glass），它具有通过眼镜屏幕显示信息，实现拍照、录像、实时导航等功能。然而，由于价格昂贵、隐私问题，以及用户体验不佳等原因，谷歌眼镜未能在消费市场取得成功，最终在 2015 年停止了该项目。柯达作为曾经的胶片摄影王者，试图通过建立在线存储和分享服务来创新其商业模式，然而这次转型却因为公司内部文化的守旧、决策的滞后，最终未能如其所愿，从而成了一次失败的尝试。

　　这些创新尝试，尽管最终未能取得商业上的成功，但它们成为企业下一次创新的借鉴。由此可见，创新之路，往往是充满荆棘的，每一个失败的背后，都提供了对市场动态、消费者行为以及产品生命周期等方面的新认识。公司由此通过内部资源的重组与优化，以及外部市场的深入探索，不断调整其战略定位，以适应不断变化的经济环境。

优劣并存：
风险共担与利益共享

本模式的前三个小节里已经提到，万能合伙人模式以其独特新颖的合伙性质，将不同领域的合作伙伴联合起来，共同分担风险，同时也分享利益，携手构成一个坚不可摧的团体。

一一梳理下来，万能合伙人模式的优势主要有以下三点。

（1）共享风险和利益与其所带来的高度激励。万能合伙人模式下，各个合伙人通过资金、技术、市场渠道等资源不断进行共享和整合，逐步实现优势互补。如前文提到的阿里巴巴，它与众多物流企业合作，共同构建了一个庞大的物流网络，成为后来者无法匹敌的存在。

（2）创新能力提升带动竞争力发展。合伙人模式下的企业通过利益驱动推动创新力发展，创新力驱动又推动了企业竞争力的提高。正是因为有了各行各业的合伙人的存在，企业内部的知识交流和技术创新才会不断地发生，创新能力的提升也才是自然而然的事情。

（3）极高的灵活性与市场拓展能力。万能合伙人模式下的企业本身就比雇佣制企业来得灵活多变，能够快速适应市场变化和企业的需求。同时，不同的多样的合作伙伴也拓宽了企业融入其他市场的可能性，能够实现市场的拓展和业务多元化的任务，帮助企业在这个日新月异的时代下更好地生存。如腾讯与京东、美团等企业的合作，不同领域的企业交叉融合并各自得到良好发展，便是很好的例证。

万能合伙人模式在实际应用中有诸多其他传统企业模式所不具备的优越性，而究其根本，无论是优化资源配置，还是降低风险抑或是提高创新能力，最终目的都是提高企业的盈利能力。然而，合伙人模式并不总是"万能"的，它的"万能"也需要被放置在一个合适的条件下，这样才能恰到好处地将其优势发挥出来。它尚有不足之处，并且我们永远也不能盲信一种模式。所有的商业模式都是双面的，享受其带来的巨额盈利的同时也要清楚并规避它可能会带来的风险，这样才称得上真正掌握了这种商业模式，才能游刃有余地在商业的巨浪中前行。

在本模式的第二节中，我们已经知晓挑选合作伙伴的重要性。一个好的、能与自身企业互补共进的合作伙伴，能让共创共享变得事半功倍。相反，若合作伙伴挑选不当，不仅积累的资源会被浪费，合作会失败，也会连累整个企业和创业者自身。

除了在挑选合作伙伴上要上心之外，万能合伙人模式还要特别考验"分配""决策"等问题。

万能合伙人模式下的企业一般涉及多个所有者，企业的决策方式自然而然地由"独断"转向"民主"，不再只是"一家之言"。脱离了老板"一言堂"的决策容易变得复杂，正所谓"众口难调"，要满足各个合伙人的意愿并不是一件容易的事情。往往是有人想往东走也有人想往西走，这个时候就特别考验中间人，或是发起者、最初的创业者，他需要统筹各方的利益，把每个人的欲望都加以折中，顾全企业大局，才能不致打翻前进的航船。

分配问题也是如此。创业者选择万能合伙人模式，最看重的也不过是它共享资源与分担风险的优越性。然而风险的共担是由利益的互享换来的，合伙人也是冲着利益来的。如何分配利益，如何让大家都心服口服，这对创业者来说也是一个极大的考验，甚至比"决策"更为重要。

造成利益分配有分歧与冲突的原因有：预期不一致、合伙人贡献不均等。不同的合伙人对企业的未来收入有不同的预期，一部分合伙人希望获得即时的回报，另一部分合伙人则更看重企业的长远发展，这样的差异不仅会导致利益分配的分歧，也会在公司日后选择发展路径的时候形成决策上的差异。

合伙人对企业的贡献往往也是不均衡的，无论是资本投入、时间投入、管理能力或创新能力上都容易有所不同。在分配利益之时，如何衡量和补偿这些不等的贡献会成为一个难题。如果贡献不均的问题处理不当，就容易导致合伙人之间的不满和冲突。长此以往，哪怕是以"坚固"属性著称的合伙人模式，也容易散伙。

还有一个不容易被大众所看到的局限性，是合伙人模式下资本筹集的限制。这一点主要针对的是小微企业。一般来说，合伙人模式通常涉及较小的企业或初创公司，这些实体多数难以筹集大量资金，融资等环节更是难上加难。由于合伙人通常对企业的所有权和控制权有更直接的要求，这可能会限制企业通过外部融资来筹集大规模资金的能力。相比之下，公司制或有限责任公司可以通过发行股票或债券等方式，确实比合伙人模式更容易筹集到大量资金。

合伙人企业对外界投资者的吸引力往往也不足。合伙企业通常不提供像公司制、普通雇佣制企业那样的股票流动性，其信息透明度也低，意味着投资者可能难以在短期内出售其股份，这足以让外界的投资者望而却步。还有一个不易察觉的点是：合伙人模式下的企业内部复杂的税务问题。合伙人企业的税务处理问题十分复杂，合伙人需要根据各自的收入份额来缴纳所得税，这些税务处理可能会对那些有特殊要求的投资者产生不利影响。

所有的优越性与局限性归结下来，我们可以清晰地看见，矛盾的源头指向了利益与风险，而企业经营的直接目的，毋庸置疑也是利润。这便是一切矛盾的核心，所有问题的重中之重。掌握矛盾、解决矛盾，是每一个想要创业的人的必经之路。对于想要学习运用万能合伙人模式的创业者来说，找准自身企业在市场上的定位，并合理判断是否适用该模式，也是一个庞大的命题。至于具体的"怎么做"的细节，我们将在下一章中具体阐述。

长期发展：
契约精神与协调机制

在前文对万能合伙人模式的介绍中，我们主要将视线聚焦在其通过多元合作来整合各方资源，实现互利共赢上。然而，它的"万能性"不仅要在合适的环境、准确的定位下才能被发挥出来，如何长久稳定地让"万能性"发挥作用，也是我们需要学习的。

企业想要长期稳定发展，就离不开组建万能合伙人模式的核心——契约精神。

合伙关系一旦产生，契约精神便开始发挥作用，而合伙人之间携手并进、互相联系的基石也是建立在契约关系之上的。无论是在明确合作关系、保障利益分配上，还是在促进信任与合作上，契约精神都发挥着重要作用。可以说，没有和谐坚固的契约精神，就没有能长期发展、效益良好的合伙人企业。

另外，在合伙人模式中"举足轻重"的即是协调机制。它主要是指为了解决合伙人在合作过程中可能出现的分歧和冲突，确保合伙关系的稳定和持续发展，从而设立的一套规则和程序，包括沟通渠道、法律机构、角色和责任界定、绩效评估、激励和约束机制、透明度、外部咨询、文化和价值观建设等多个方面。其设立目的是促进合伙人之间的沟通，及时发现并解决合作中的问题，以及优化合伙企业的运营和管理，不过归根结底，还是为了保障企业的长期发展。

在万能合伙人模式中，契约精神与协调机制都是实现长期发展的关键，至于如何培养、建设与维护二者，笔者提出以下几点措施。

1. 签订合适的合伙协议

企业要合伙运营，就要签订合伙协议，而确保合伙协议的公平性和合理性是建立稳固合伙关系的关键。那么，要如何确保合伙协议的公平性和合理性呢？

一般来说，在合伙协议中，企业应明确各方的权利、义务和责任，以及利润分配和风险分担的机制，确保合作的公平、公正和透明。对应到具体措施上，首先是要列出详细清楚明确的合作条款，越细致越好，在前期早早地定好规矩。订立条款时咬文嚼字一点也不惹人厌，最麻烦的是前期没有把事情定好，到了后期反而因为模糊的协议规定而产生了矛盾，这是十分难缠的。

因此，我们要在合伙协议中详细说明合伙人的责任、权利和义务，明确合伙的期限、终止条件、退出机制和继承条款等。在签订的过程中，要遵循协商一致的原则，不能只考虑自己的利益，否则也容易合伙失败。如果不放心，还可以请第三方机构对协议进行评估，以此来保障协议的公平性。在签订协议后，也不要将其束之高阁，合伙人应定期审查合伙协议，确保其依然符合企业当前的发展需求，不违背国家政策，必要时可以对其进行适当的修改。记住，一个好的合伙协议应该是灵活的，不仅能够适应企业发展的需要，同时也要能够经受住时间的考验。

2. 注意法律风险防范

无论是哪一种商业模式，架构过程中都会涉及法律的方方面面。尤其对于万能合伙人这种涉及不同合伙人、不同商业领域的新兴商业模式来说，防范法律风险显得格外重要。不同商业领域的合伙人之间更可能存在多方面的法律关系，如合同、股权、税务、知识产权等。企业也需关注法律风险，确保合作的合法性、合规性。

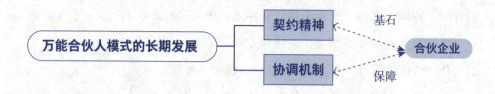

合伙协议的规范性已在前文提及，即无论是签订前还是签订后，抑或是签订中，都要遵循法律准予的相关流程，由专业法律顾问进行审查，确保协议的合法、合规。在企业的发展过程中，也需要及时修改或更新协议，以适应新的法律环境和业务需求。这是前行的第一步，这一步如果完成不当，就难以有后来的发展。

另外便是企业运营过程当中的法律风险防范，这是每一个企业都应做好的。如税务法律风险防范，确保企业遵守当地的税务法律法规，规避税务风险。合理进行税务筹划，降低税负，按规定向税务机关提供真实的财务信息和税务申报材料。但不可抱有侥幸心理，逃税、避税、漏税、偷税等违法行为不可为。

在处理知识产权、劳动合同的同时也要注意防范法律风险，努力保障各方的利益。在法律风险防范的问题上，最核心的一点其实是合伙人各方都要有一颗懂法、知法、守法的心，要敬畏法律、尊重法律、明确"法无授权不可为"，遵循这样的原则，才不会轻易造成严重的法律问题。

3．激励与约束并重

在万能合伙人模式中，激励机制和约束机制是确保合伙企业高效运行和长期稳定的重要组成部分。激励机制可以通过利润分享、提供奖金和绩效奖金，或是非金钱激励，如提供培训和发展机会、灵活的工作安排等，满足合伙人的发展需求，提高合伙人的积极性和对企业的忠诚度。也可以采用股权激励的方式，通过增加合伙人一定比例的股权，使其与企业利益绑定，共同分享企业的成长和成功。

约束机制则可以采用绩效评估的手段，意为定期对合伙人的工作表现进行评估，以确保其符合企业的期望和标准。还可以对合伙人在企业决策中的权力进行限制，避免个别合伙人独断专行。或者一开始就在合伙协议中写明对合伙人特殊行为的约束，如竞业禁止、保密义务等。

企业设计合理有效的激励机制与约束机制，是为了确保合伙人的利益与企业目标一致，尽可能地减少利益侵占行为。同时实现资源的优化配置，提高工作效率，促进企业长期稳定地发展。

除了笔者列举的以上三点，还有诸如建立透明的沟通机制、构建公平的评估机制、文化融合等措施来建设企业的契约精神和协调机制。方法是写不完的，而核心是需要企业自身去掌握的。通过这两者的完美结合，企业就可以在万能合伙人模式下实现长期稳定发展，冲出市场竞争的重围。而我们可以预言，在未来的商业环境中，万能合伙人模式也将成为企业老板们实现长期发展的重要利器。

模式 2

退休模式

移交管理：
企业传承的艺术

如果说万能合伙人模式讲求的是合作的艺术，那么退休模式则是"传承"的艺术，你可以退居幕后，而金钱却不会停止进项。

商业模式中的退休模式通常指的是企业创始人或关键管理人员在达到一定的年龄或条件后，从企业的日常运营和管理中退出，将控制权和管理权移交给下一代的领导者或管理团队。这种模式不仅确保了企业的长期稳定和连续性，同时也为创始人或关键管理人员提供了一个合理的退出机制。

退休模式的核心部分是"传承"，是如何将接力棒传到合适的人手上。一旦成功完成了"传承"这一关键环节，创始人就可以不用再像往常一样每日在企业辛勤工作、管理，而是可以自由自在地做自己的事，大可以放手当个"甩手掌柜"。因为你已经"退休"，而此"退休"也绝非简单的传统意义上的那种"退休"，你的影响力依然隐秘地存在于企业的每个角落，你的身影会出现在每一条上下级交接管理的链条上，你只是退居幕后，只是不需要再亲力亲为、实际参与。而所有的盈利所得，所有的新增的企业收入，依然会通过那根链条，源源不断地输送到你的身边。

这听上去像纸上谈兵。实际上，只要创始人做对了，可以达到"一劳永逸"

的效果。然而，想要完成"传承"，这一保持企业连续性和成功过渡到新一代领导的关键环节，难度不小。

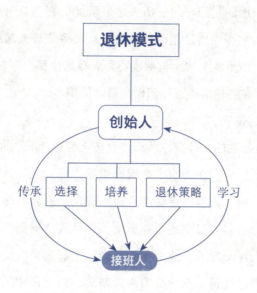

传承也分许多种，笔者在此分几点来讲。

1. 经验的传承

经验传承是指创始人或关键管理人员在退休前将自身的经验、知识和技能传授给接班人，以此来确保企业文化的连续性和企业战略的稳定性。经验的传承可以通过一对一辅导、培训课程、内部会议等方式进行。

一对一辅导是最直接有效的方式，创始人或关键管理人员定期召开一对一会议，与接班人分享他们的经验和见解，讲解企业管理的核心技巧。这就好比是亲自带了一个"关门弟子"，把毕生所学所悟倾囊相授，只希望弟子能够学成出山，为企业带来更高更好的利润和回报。当然，这些会议可以是面对面的，也可以通过电话、视频等方式进行。如果抽不出时间来进行一对一辅导，创始人或关键管理人员也可以在工作现场指导和观察接班人的工作，提供实时反馈和建议。抑或是"半放手式"，让接班人参与关键决策过程，并向他们展示如何分析问题、制定策略和做出决策，亲自示范，给他们留下更深刻的印象。

经验传承中传承的是经时间、历练之后沉淀的智慧，宝贵的经验是通过一桩桩案例来分析取得。也就是说，创始人或关键管理人员可以与接班人一起研究企业历史上的重要案例，包括成功和失败的决策。通过分析这些案例，接班人可以学习到在特定情境下如何做出最佳决策。

2. 企业文化的传承

如果说经验是技艺的一部分，那么企业文化则是"道"的那一部分，无论是技艺还是精神，这两者在传承中都同等重要，或者说，企业传承便是要尽力做到面面俱到。创始人或关键管理人员应确保接班人了解和认同企业的核心价值观和文化。可以通过讲述企业历史、分享成功案例和经验教训等方式手段，帮助接班人深刻理解企业文化的内涵。接班人要继续传承和发扬企业文化，技艺的习得能使得企业的决策更加精确，而文化才是企业这艘船行驶长远的内驱动力。

在企业文化传承中，案例和故事十分重要。创始人可以定期分享企业历史上的成功案例和经验教训，特别是那些能够体现企业核心价值观的故事，这些故事可以帮助接班人理解企业文化的内涵，并激发他们对企业文化的认同。创始人自己的形象也至关重要，他们的一言一行都会被放大，都反映着企业的核心价值观，会时刻被接班人关注。因此，创始人言行一致将有助于树立榜样，使接班人能够观察和学习如何将这些价值观融入日常工作中。

3. 战略和愿景的传承

战略和愿景是企业运营中不可避免的一环，关系到企业的整个后续发展脉络。创始人或关键管理人员应向接班人传达清晰的企业的长远战略和愿景，充分阐释企业的战略方向、目标市场、核心竞争力和发展计划。在传承或是接班的前期，创始人和接班人可以共同参与战略规划和决策过程，通过慢慢培养，使接班人逐步熟悉并掌握企业的战略方向和决策能力，再逐渐安排接班人参与关键项目或决策过程，让他们在实际操作中体验和应用战略思维，最终再放手。

4. 关键关系的传承

企业不是仅仅依靠高超的技艺、优良的企业文化、详细的战略图景便能发展起来的，长期积累获得的人脉、资源也十分重要，在商业环境中，孤军作战从来都是行不通的。所以，企业传承之时，创始人或关键管理人员应向接班人介绍和传承与企业相关的关键关系，如客户、供应商、合作伙伴等，以保证这一条资源链不被轻易地切断，维护这一资源圈，并将其交给接班人继续做大做强。

在传承初期，接班人应有机会与这些关键关系建立联系，了解他们的需求和期望，维护和发展这些关系。创始人也可以陪同接班人参加行业会议、商业活动和社交场合，帮助他们建立和维护这些重要关系。

5. 团队和人才的传承

核心团队和关键人才是企业这艘船上的老水手，离了他们，企业也无法远航。接班人应了解团队成员的能力、专长和潜力，以及如何充分发挥他们的作用。这些团队和人才的存在，是企业创新和发展的根基和动力来源，创始人要传授给接班人继续培养和激励团队的技巧，保持企业的稳定发展。

继承计划：
接班人的选择与培养

选择和培养合适的接班人是一个复杂而关键的过程，在茫茫人海中要找到合适的接班人很不容易。这个过程也许漫长、艰辛，但无论如何，都要认真对待，决不能马虎。因为被选择的接班人在日后会接管你的企业，他的能力与人品直接影响了企业日后的发展结果。

以苹果公司为例，苹果公司的创始人史蒂夫·乔布斯在2011年因健康原因辞去了CEO职务。但他并没有完全离开公司，只是作为苹果公司的董事会主席和高级顾问，继续对公司的战略方向和产品开发提供指导。

在乔布斯退休后，苹果公司成功地实现了领导层的平稳过渡。蒂姆·库克接任了CEO职位，而他之前作为首席运营官已经在乔布斯的领导下工作多年，对公司的运营和管理有深入的了解。库克在乔布斯的指导下，继续推动苹果公司的创新和发展，使苹果公司成为全球最有价值的科技公司之一。从今日发展现状，乃至未来苹果公司发展的前景来看，蒂姆·库克无疑是一个合格的接班人。

那么，究竟应该如何为自己的企业选择一个合适的接班人呢？在认定接班人以后，又该如何进行相关培训，乃至完全放手让其参与企业的关键决策环节呢？笔者在本章接下来的篇幅里，会就"如何选择和培养接班人"来详细谈谈创始人应该怎么做。

1. 接班人的选择

创始人要选择合适的接班人，首先不是向外求，而是先明确自己的标准和期望，要先清楚企业目前的发展状况，企业未来要往哪个方向走，想要达到什么样的高度。在明确了这些需求以后，才算是做好了第一步准备，由此才能踏上寻找合适接班人之路。

不光要明确自己的标准和期望，还要明确对接班人的选拔标准。选人一般分两个角度：从关键特质和技能要求来说，一般可以从领导力、战略思维、业务洞察力、沟通能力等来定标准；在为人处事上，企业创始人应该考虑候选人的个人品质，如诚信、责任感、适应性等。与此同时，还要明确接班人的角色和责任，确保候选人了解并能接受这些期望。在完成这些准备工作之后，我们才可以真正地开始选拔接班人。

解决了"选什么"的问题之后，我们来聊一聊"如何选"。

我们可以采取内部培养与外部招聘并重的模式，先在内部寻找有潜力的候选人，他们可能已经在企业中担任重要角色，并展现出领导能力，我们对这样的人才就要多加关注。企业内部的人，是已经通过了内部的基础考核标准，并对企业文化、企业发展背景等有了一定的了解，在此基础上进行后续培养，创始人会省许多力气。因此，我们可以举行一个内部的评估，主要评估内部候选人的工作经验、成就和发展潜力，确定他们是否符合选拔标准，如果遇到合适的候选人，便要牢牢地抓住，给予其信心与肯定。

与此同时，也要保持对外部人才的关注，特别是那些具有不同背景和专业技能的人才。企业创始人可以考虑从行业内外招募具有潜力、契合企业文化、适合企业发展需求的候选人，并对他们进行考核，从中挑选适合自身企业的候选人。把范围拉大，目光放远，总会遇到合适的好苗子。

前文讲的是选拔的渠道，在选拔的方式上，传统的比如说综合评估，即通过绩效评估、工作表现、项目成果等多种方式对候选人进行评估。可能需要通过面试、情景模拟、能力测试等方法来进一步了解候选人的能力和潜力，综合考虑候选人的工作经验、教育背景、个人品质、领导力等因素。也可以从参考推荐入手，参考同事、行业专家或专业猎头公司的意见和推荐，综合考虑候选人的推荐信、职业评估报告等资料，以获取更多关于候选人的信息。值得一提的是，如果是从外部招聘得来的候选人，还要多关注一下候选人的个人目标与企业的发展目标是否一致，候选人对企业价值观与文化是否认同，这也是一个重要的考量标准。

2. 接班人的培养

选择是要练就一双万里挑一、大浪淘金的火眼金睛，而培养更多的是在考验磨炼人的本事，考验自身的耐心。培养是一个更漫长的过程，但却是一个必不可少的环节，在经历长久的培养后，创始人和接班人会对彼此更加了解，二者会更加亲近，接班人会逐渐了解整个企业的发展脉络、运作的规律，为真正管理企业的那一天做好充分的准备。

培养首先要关注的是领导力的发展，创始人要为候选人提供领导力培训和发展计划，包括沟通技巧、决策能力、团队管理等。安排候选人参与重要的项目或决策过程，以锻炼其领导能力。

可以采取导师制度，即为候选人安排经验丰富的导师，提供职业指导和经验分享。导师可以是企业内部的高级管理人员，也可以是行业内的专家。再训练接班人的实际操作能力，给予候选人实际操作的机会，如担任临时负责人、参与战略规划等，以积累实际管理经验。

同时，创始人要定期对候选人的表现进行评估和反馈，确保其发展方向与企业需求相符。对于表现不佳的候选人，及时提供反馈和改进建议。

选择和培养合适的接班人需要大量的时间和耐心，这是一个持续的过程，整个过程不仅磨炼了接班人的心性，也考验了创始人的识人、用人、磨人的本领。"打铁还需自身硬"，要想挑出符合要求的接班人，企业创始人自己也不能松懈。

　　选择好，以及培养好接班人之后，便可以使企业创始人为后续的成功退休打下坚实的基础，并力求企业在未来的领导层变动中保持稳定和持续的发展，这是一脉相传的。

金色降落伞：
高管退休策略

企业的高级管理人员对于企业的战略制定、日常运营和长期发展起着关键作用。高管的退休调整是企业战略调整的重要体现，老一辈的管理者退休，新一代的管理者才能上任。

一、为何退休

企业战略和变革：为了适应市场变化和企业发展的需要，企业可能会进行领导层的更新换代，引入新的管理理念和策略。此外，应为企业中的年轻管理层提供晋升空间，以促进企业的长期发展和创新。

避免权力过于集中：合理的领导层更替也有助于避免权力过度集中，减少腐败和滥权的隐患，以此降低企业治理风险。

二、金色降落伞

以"金色降落伞"计划为例，讲述如何设计并实施一个合理的高管退休机制，确保企业领导层的平稳过渡和持续发展，为企业提供高管退休机制提供参考。

1. 降落伞计划概述

所谓降落伞计划是指公司通过章程规定，或与经营管理层签订合同：如果有控制权变更、经营管理层被解雇等情况发生，公司将向他们支付大量赔偿金。

降落伞计划具体包括三种形式：金色降落伞（Golden Parachute）、灰色降落伞（Penson Parachute）和锡色降落伞（Tin Parachute），针对高级管理者的计划为金色降落伞，针对中层管理者的计划为银色降落伞，针对一般员工的计划为锡色降落伞。

2. 什么是"金色降落伞"？

金色降落伞（Golden Parachute）是一种高管退休保障机制，"金色"意味着补偿是丰厚的，"降落伞"指的是在企业高管因特定原因（如公司被收购、控制权变更等）离职时，可以获得一定的经济补偿和福利待遇，以此实现平稳过渡。

在一些企业，采用"金色降落伞"计划不仅解决了企业创始人和资深高管的历史贡献认可问题，还减少了高层管理人员在退休前后可能遭遇的物质利益和心理上的显著落差。例如山东阿胶集团就有效执行了"金色降落伞"计划，将一些创业初期的顶层管理者部分进行了妥善的安排，达到了企业和个人的双赢。

3．他山之石，可以攻玉

"金色降落伞"计划作为一种高管离职补偿机制，对企业制定高管退休策略的具体内容和实施有以下两方面的启发：

（1）经济补偿：企业可以为高管提供一定数额的经济补偿，包括现金、股权、期权等，以保障他们在退休后的经济水平。这种补偿可以在高管退休时一次性支付，也可以分期支付，以减轻企业的财务压力。

（2）退休后的角色安排：企业可以为高管提供退休后的角色安排，如担任顾问、董事等，让他们在退休后仍然能够为企业的发展贡献力量，同时保持他们的社会地位和人际关系。

三、部分大厂的退休策略实例

不同的公司高管退休策略，是由公司文化与价值观、公司规模及行业、法律法规、高管个人意愿、公司财务状况、人才梯队和继任计划以及市场环境和竞争压力等多种因素共同决定的。据统计，2023年，市值领先的大型企业中，副总裁及以上级别的高管变动人数超过了20人。在其中，百度、阿里和京东的高管变动尤为显著。特别是百度和腾讯，它们的核心业务领域的高管离职或转岗事件，曾经都引起了媒体的高度关注。

1. 百度

2019 年 3 月 15 日，百度宣布了新人才梯队建设计划：百度将加速干部年轻化的进程，选拔更多的"80 后""90 后"年轻人进入管理层。百度总裁张亚勤、人力资源高级副总裁刘辉相继加入"百度高管退休计划"。

2. 腾讯

腾讯尚未建立一个正式对外公布的合伙人退休机制。但是，每当腾讯进行组织架构的调整时，经常会出现合伙人以及高层管理人员退休的情况。

在 2013 年 3 月 21 日，腾讯宣布公司主要创始人之一、时年 42 岁的首席行政官陈一丹将不再担任现职，并转任为公司的终身顾问。陈一丹在退休时向媒体透露，合伙人的退休是一种自然的权力交接过程，这有助于高管团队的持续精简和提升。他同时表达了对建立一种退休机制的期望，以便为年轻一代提供更多的晋升机会。关于退休的具体年龄，他认为不必局限于 50 岁或 60 岁。

腾讯的另一位创始人张志东也在 2014 年 3 月通过一封公开信宣布了他的离任，并转而担任腾讯学院的讲师和技术顾问。与陈一丹类似，他在宣布退休决定的两年前与管理层进行了沟通，并在公司向移动互联网转型的过程中，领导协助技术团队成长并完成了交接工作。

"人事有代谢，往来成古今。"企业管理层的"新人换旧人"成为发展的必然，可以看到，越来越多的年轻一代开始走上管理岗位，各企业纷纷推出高管退休计划，给年轻人腾出发展空间，也给公司注入新的理念。

第四节

模式拓展：
职工退休模式

职工退休可以被视为企业整体退休模式的一部分。在企业运营中，退休模式不仅局限于企业所有者或高层管理者的退休规划，它还包括对普通职工退休问题的整体安排和管理。这涉及企业如何为职工提供退休福利、退休金计划、健康管理、再就业服务等多方面的支持和策略。

俗语有言，"种禾得稻，敬老得宝"，尊老爱幼是中华民族的优秀传统美德之一。企业在对退休人员进行服务管理时，更应该深入挖掘和传承这一传统美德。在保障退休人员权益的道路上，需要时刻牢记人文关怀与企业发展的双重使命。通过积极的政策倡导和企业实践，来营造一个更加公平、包容的社会环境，让每一位退休人员都能够享受到应有的尊重和福利。

对于职员而言，退休不仅意味着告别职业生涯，更是一个平稳过渡到全新生活阶段的关键时刻。为了确保这一过程的顺利进行，我们需要精心策划并细致执行每一个环节，让退休人员在离职前能圆满地完成他们的职责，同时确保新职员能够无缝接管工作。

一、提高企业退休管理人员的自身素养

一方面，企业应该提高退休管理人员自身的责任意识、政治素养、道德修养，促使更多的退休管理人员可以认识到退休社会化管理服务工作的重要性，意识到自身的责任感、使命感，全心全意地为退休人员提供高质量的服务。企业退休管理人员本身应该具有一定的职业道德，良好的道德修养是退休管理人员树立正面形象、赢得长者信任的关键。在实际开展企业退休人员社会化管理工作的过程中，要做到以德服人，以情感人。另一方面，企业还应该加大对退休管理人员自身业务能力的培养，确保管理人员熟练掌握相关政策法规，提高业务能力。培训内容还应包括退休申请、退休金发放、健康管理、法律援助等方面的知识，以确保退休管理人员能够高效、精准地处理各项退休事务。

案例分享

①超龄劳动者权益保护案例：江苏省连云港市中级人民法院发布的一些案例集中于保护超过法定退休年龄的劳动者的权益。包括劳动者超过法定退休年龄后，用人单位终止劳动合同的情况，强调了用人单位在终止合同时应结清所有工资和福利。

②强制退休案例：被称为"强制退休第一案"的案例中，吴女士因退休年龄问题与所在公司产生了纠纷。这位女职工被公司强制退休，但她认为自己未到法定退休年龄，不同意退休。这个案例引发了关于女职工退休年龄选择的规定以及劳动权的讨论。最终，法院认为吴女士的身份不符合继续工作的条件，驳回了她的上诉。

二、做好心理工作，降低职员"落差感"

临近退休，具有不同工作目的及职业的职员，其态度和心态各不相同。老年人适应退休生活的过程，一般都要经过以下四个时期：期待期、退休期、适应期、稳定期。在期待期，有的职员可能会对离开熟悉的工作环境感到不安，甚至可能会对未来的生活感到迷茫。轻微者的表现是，例如有一些老年人会身穿工作服，手拿公事包，在大城市的商业中心及办公室林立的地方出现。因此，针对以上现象，为退休老人提供必要的心理辅导和支持显得尤为重要。我们可以邀请专业的心理咨询师，为退休人员提供一对一的咨询服务，帮助他们调整心态，对退休形成一个正确的看法。通过多方面的开导和安抚，让他们明白退休不是辞退，而是人们在到达正常退休年龄后，国家准许其离开工作岗位，享受晚年生活。这是人生的必经之路，无论什么岗位，每个人都要面临这一时刻，这并不意味着自身的价值减少或被边缘化，而是一个新生活的开始和机会。

三、举办退休仪式，彰显对退休人员的尊重与感谢

当一切准备就绪，公司可以为退休人员举办一个温馨而庄重的退休仪式。这不仅是对退休人员工作生涯的一种庆祝和表彰，也是对他们的贡献的一种肯定。企业应充分考虑退休人员的个人喜好和兴趣，确保仪式形式多样化、个性化。例如，可以设置专门的环节让退休人员分享自己的工作感悟和人生经验，也可以安排文艺表演、互动游戏等环节，让退休人员在公司的最后时刻感受到大家庭的温暖。在退休仪式的表彰环节，企业应充分展示退休人员的工作成果和贡献，通过颁发荣誉证书、奖杯等形式，让他们感受到自己的

价值被认可。这种表彰不仅能够让退休人员感到自己的价值被认可，同时也为新职员树立了榜样，增强了企业团队凝聚力，为新职员提供一个融入公司的良好机会。

四、持续关注退休人员，尽显人文关怀

退休生活的关怀不应随着退休仪式的结束而终止。在退休后，继续保持与退休人员的联系，定期走访了解他们的生活状况，并提供必要的支持，是体现公司人文关怀的重要一环。企业可以通过发行退休人员专刊、定期发送问候信息等方式，让退休人员感受到企业的关注。通信内容可以包括健康知识、生活小贴士、企业动态等，这样既丰富了退休人员的日常生活，也让他们能够及时了解企业的发展情况。或是组织适合退休人员的活动，如旅游、讲座、兴趣小组等。这样的持续关怀，不仅能够让退休人员的生活更加充实，也能够激发在职员工对公司的归属感和忠诚度，从而共同为公司的发展和未来贡献力量。

职工退休是企业退休模式中非常重要的组成部分，企业退休人员为国家、社会的发展贡献了自身的青春，是企业发展的见证者和贡献者，企业退休人员的离职不仅代表着个体职业生涯的结束，更象征着企业发展历程一部分的结束。通过有效的职工退休管理，企业不仅能够提高员工的满意度和忠诚度，还能在社会上树立良好的企业形象。

第五节

长治久安：
以激励机制培养新秀

激励，通常指的是通过外部或内部的力量，激发个体或团体的积极性、主动性和创造性，以实现特定目标的过程，激励被认为是"最伟大的管理原理"。激励机制是为了激励企业员工而采取的一系列方针政策、规章制度、行为准则、道德规范、文化理念以及相应的组织机构、激励措施的总和。

在上一模式的第五节中，笔者简要提及了激励机制在合伙人制度中的运用。在此节中，笔者将进一步阐述当老职工退休后，有新入职的员工加入，此时是如何利用激励机制做到"新枝接旧叶，桃李更替春常在"的。

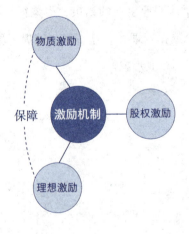

一、物质激励

亚伯拉罕·哈罗德·马斯洛于1943年首次提出了"需要层次"理论，从层次结构的底部向上，需求分别为：生理，安全，社交需要，尊重和自我实现。人们首先会追求基本的需求，当这些需求得到满足后，才会追求更高层次的需求。在企业激励机制中，马斯洛的需要层次理论提供了一个理解员工动机和需求的基础框架，启示管理者要在工作中了解员工的需要，找出相应的激励因素，采取积极的组织措施，来满足不同层次的需要，以引导员工的行为，实现组织目标。

物质激励，顾名思义，就是通过实实在在的好处来激励员工，让员工因为得到了实际的利益而更积极地工作。这种激励很直接，很容易理解，因为每个人都有生活上的需要，物质激励就是满足这些需要，让员工感到自己的努力得到了回报。物质激励能够满足员工的基本生理和安全需求，这是员工追求更高层次需求的基础。因此它是企业激励制度中最重要的激励手段，也是目前企业普遍采用的一种有效的激励手段。与非物质激励相比，物质激励更容易量化，企业可以根据员工的绩效和贡献来设定相应的激励标准，这使得物质激励更加公平和可操作。

二、股权激励

股权激励，简单来说，就是公司给员工一种特别的奖励，让员工感觉自己是公司的"小老板"。这种奖励不是现金，而是公司的一部分股票。有了这些股票，员工就能分享公司成长带来的好处。

想象一下，你是一家公司的员工，公司给你一些股票，这些股票就像一张未来的支票。如果公司经营得好，生意兴隆，公司的价值就会上升，这些股票的价值也会上升。将来，你就可以把这些股票换成现金，赚到一笔额外的钱。

股权激励有几种不同的形式，比如：

（1）限制性股票：这种股票有特殊的规则，比如你必须在公司工作一定年限后，才能卖掉这些股票。这是公司确保你不会得到股票后就立刻离开的方式。

（2）股票期权：这就像是一张未来的"购买股票的优惠券"。你可以在将来的某个时间，按照现在的价格买公司的股票。如果将来股票的价格涨上去了，你就赚了。

（3）员工持股计划（ESOP）：20世纪50年代末，路易斯·凯尔索在《资本主义宣言：如何用借来的钱让8000万工人变成资本家》一书中提出了将生产资本扩展到更广泛的社会阶层的理念，主张通过员工持股计划，使员工能够分享他们所创造的经济增长和财富。也就是说公司设立一个特别的计划，让员工集体拥有公司的一部分股份。这样，每个员工都成了小股东，可以分享公司的成功。

想象一下，你和你的朋友一起开了一家小餐馆。一开始，你们几个人是这家餐馆的股东，也就是说，这家餐馆赚的钱或者赔的钱都由你们几个股东来分担。

随着时间的推移，餐馆的生意越来越好，你们决定扩大规模，但需要更多的钱。这时，你们可以选择向银行贷款，或者邀请其他人加入成为股东。但是，你们觉得餐馆的成功也有员工的一份功劳，所以你们决定让员工也参与进来。

你们设立了一个员工持股计划，这样每个员工都有机会成为餐馆的小股东。比如，你们可以根据员工的工资、工作年限或者其他标准，给每个员工一定数量的股份。这些股份的价值随着餐馆生意的好坏而发生变化。如果餐馆赚了很多钱，股份的价值就会上升，员工手里的股份也就更值钱了。

通过这种方式，员工不仅可以从他们的工资中获得收入，还能从餐馆的盈利中获得额外的回报。这就像是在员工的工资之外，给了他们一份对餐馆未来成功的投资。

三、理想激励

固然，领导者通过即将达成目标和触手可及的奖赏来激发员工的积极性是一种关键且高效的方法。然而，对于更高层次的知识型员工来说，仅仅满足于眼前的奖赏是远远不够的。他们往往是理想主义者，追求的是更为宏伟的企业目标。而理想激励，就是公司用一种特别的方式让员工觉得自己的工作不仅仅是为了赚钱，而是为了一个更大的目标或者梦想。它的目的是让员工从内心深处认同公司，觉得自己的工作有意义、有价值。这样，员工就会更有动力去工作、去创新、去追求卓越。因为，他们工作不仅仅是为了赚钱，更是为了实现一个更大的梦想。

模式 3

一亩田初级版
（利润 20％ 以上适用）

一亩田初级版：
小规模高效益的商业模式

在当今竞争激烈的市场环境中，小规模经营者如何突破重围，实现高效益的经营，成为众多老板们关注的焦点。资源有限、市场竞争激烈、消费者需求多样化等问题使得小规模企业的生产者和经营者需要寻求新的商业模式来提高效益，于是，一亩田商业模式便应运而生了。一亩田（初级版）商业模式，正是为这类经营者量身打造的一种高效、实用的经营模式。

2011 年，北京市一家新兴的新农网络科技有限公司成立了，并在短期内吸引了无数人的目光，获得了巨大的成功。它就是"一亩田"，这是一家农业 B2B 电子商务平台，旨在通过互联网技术连接农业生产者和消费者，提高农业产业链的效率。

它提出"让每一亩田都更有价值"的目标，着眼于各种品类的农产品，在竞争激烈的市场中异军突起，使得众多创业者纷纷想要跟上它的步伐。那么，它是如何获得成功的？

首先，一亩田精准把握了农业市场的需求和痛点，为农产品经营者提供了一站式的交易撮合服务。它旨在为农业生产者和农业相关企业提供一个在线交易和信息交流的市场，通过互联网技术，帮助农业生产者更好地销售他们的产品，同时也帮助消费者直接从源头购买农产品。解决了农产品交易过程中信息不对称、流通成本高、交易效率低等问题，帮助农户和采购商更好地进行对接，从而实现了农产品的快速流通和高效交易。

其次，一亩田非常注重用户体验和口碑建设，不断优化平台功能，提升交易效率，降低交易成本，为用户创造更大的价值。同时，一亩田还积极与用户进行互动和沟通，了解他们的需求和反馈，不断改进和优化服务。这种以用户为中心的理念，使得一亩田赢得了用户的信任和好评。当然，积极扩大市场份额和合作伙伴网络与不断创新也是其成功的重要因素之一。它与农产品供应商、采购商、物流服务商等各方建立合作关系，形成了一个庞大的生态系统。这种合作模式不仅丰富了一亩田的产品和服务种类，还提高了其在市场中的影响力和竞争力。

最后，"一亩田"已经不仅是一个交易平台，它还能通过提供数据分析、市场预测、供应链优化等增值服务，帮助用户制定科学的经营策略，提高经营效益。这种综合性的服务模式使得一亩田在市场中具有更强的竞争力，帮助它不断地拓宽业务范围，成为市场上几乎是无可替代的品牌。

而我们今天所提到的"一亩田模式"，便是要从"一亩田"这个品牌上吸取足够多的经验，学习它成功的商业模式，应用到自己的企业经营中。

更加普适的"一亩田模式"，即是一种专注于在有限资源或市场范围内，通过创新和效率来最大化产出和利润的商业模式。这种模式强调对资源的充分利用、对市场的深入理解、对成本的控制以及对产品或服务的差异化，以实现可持续的竞争优势。

而"一亩田初级版"则主要适用于利润在20%以上的小规模企业与经营者，以降低成本、提高效率为核心，通过优化资源配置、提升信息透明度等方式，为经营者创造更大的商业价值。然而，想要在小于通常规模的经营范围中获得20%以上的高额利润，要做到的不仅仅是熟知一亩田模式的概念。企业经营者要做到的，是真正地把"一亩田"成功的经验内化于心，具体问题具体分析，将同样的原理外化于不同的措施中。切记，我们要复刻的是一亩田的成功模式，但绝对不是一比一照抄一亩田的所有商业措施。所经营的行业不同，要面对的客户群体不同，政策与运作方式、发展预期也不同，因此照抄永远只是死路一条。

比如，我们可以学习"一亩田"的线上业务与线下业务相融合的机制，综合利用互联网技术和实体渠道，具体应用到实际的场景中去。"线上＋线下"融合发展讲求的是一个市场的拓宽。线上平台可以突破地域限制，吸引更广泛的客户群体；线下实体店可以提供即时的服务和体验，增强客户信任。将线上线下的营销活动相结合，我们就可以实现更全面的品牌推广。

同时，用户的体验也大大优化了。当今社会最讲求方便，因此我们的线上平台要提供便捷的购物体验，如快速浏览、在线支付等，线下实体店则提供个性化的服务，这是提升自己独特性，让客户记住你的关键点。这样一来，企业通过线上线下数据的整合，便可以实现个性化推荐，提升用户满意度。用户满意度上去了，黏性也会自然而然地提高，也有很大可能成为忠实的老客户，为你的企业输送源源不断的支持与动力。

"线上＋线下"融合发展机制只是庞大的企业发展方式中的一条，归根结底我们只是在努力做到小规模企业中的资源最大化，以此来努力实现利润最大化。像"线上＋线下"机制，也是企业多样化经营中的一部分。企业可以尝试多种经营方式，充分利用市场资源和需求。企业开发多种产品线、拓展不同的市场领域或提供多种服务，不仅可以满足不同客户的需求，还可以在不断的探索与试错中，更加明晰自己的市场定位与发展概况，这是双赢的行为。

"一亩田初级版"模式为小规模企业提供了一种高效益发展的可能，我们将在后文进一步讲解企业要如何更好地运作这种模式。总而言之，它有望成为小规模企业发展的一种重要的商业模式，助力小微企业突出重围，实现可持续发展。

市场定位：
寻找目标市场

　　在商业环境中，市场定位是企业成功的关键因素之一。对于采用"一亩田初级版"模式的小微企业来说，准确的市场定位便是其实现盈利和可持续发展的基础。

　　我们需要理解什么是市场定位，这样才能更好地找到企业的目标市场。市场定位是指企业根据自身优势和市场需求，确定其在市场中的特定位置，并为目标客户提供独特的产品或服务。市场定位的目的是使企业在竞争激烈的市场中脱颖而出，吸引并满足目标客户的需求。

　　由于资源有限，小微企业需要在有限的土地或市场范围内实现高效益，市场定位也是小微企业实现优化资源利用的手段，当然，两者是相辅相成的。在寻找自身的市场定位之时，企业要同时明确自身的核心业务和重点领域，清晰地了解自己在市场中的位置，明确自身的优势和劣势，进而制定出相应的竞争策略，合理地配置人力、物力和财力资源，实现资源的最大化利用。这对于一亩田初级版模式下的企业来说尤为重要，因为它们通常需要在有限的资源条件下实现快速发展。市场定位有助于企业集中资源，专注于最能发挥自身优势的市场细分领域，并在有限的资源下实现资源的最大化利用，提高效率和效益。

为了让企业在激烈的市场竞争中存活下来，企业更是要通过市场定位来找到自己的差异化优势，明确自己的独特价值主张，与竞争对手区分开来。找到目标市场即是实现差异化竞争的前提，通过差异化的产品或服务，企业可以在市场中脱颖而出，吸引目标客户，增强竞争力，从而获取市场份额、实现持续增长。

因此，实现市场定位是小微企业发展的必经之路，对于如何实现的问题，笔者在此也给出了一些关键步骤来帮助创始人厘清思路。

1. 了解市场需求

了解市场需求，知道这个市场是什么样的，它需要什么，是企业制定前行方案的第一步。

20世纪的汽车大亨亨利·福特在推出自己的汽车时，便提前调研了解消费者需求，提出"任何顾客都可以选择任何他所中意的汽车颜色，只要它是黑色的"的口号。亨利之所以这么说，是因为他已经做了充分的市场调研，相信自己的产品能够与市场契合。他认为产品已经足够好。而在那个时代，并不是所有人都买得起一辆汽车，亨利只生产黑色model T，也是为了在降低成本的同时降低汽车的价格，让更多的家庭负担得起。也就是说，亨利努力让更多顾客买得起最初始颜色的汽车，大大满足了消费者对汽车的需求。

今天的企业也可以学习这种市场调研的模式，了解市场的需求、消费者的水平，以此来调整自己的商品和服务。或是利用大数据分析技术，对市场数据进行深入挖掘和分析。也可以通过分析历史销售数据、社交媒体评论、市场趋势等，洞察消费者行为和需求变化。就像亚马逊那样，通过分析消费者购买历史和浏览行为，推荐个性化的产品，尽其所能地满足消费者的需求。

2. 分析竞争对手

流传至今的经典兵家著作《孙子兵法》有言："知己知彼，百战不殆。"如是所言，企业需要评估竞争对手的市场定位、产品、服务和竞争策略。了解竞争对手的优势和劣势，以及潜在的市场缺口，以此来帮助企业确定自己的市场定位。

我们可以收集竞争对手的产品、服务、价格、市场定位、品牌形象、营销策略等方面的信息，持续关注竞争对手的市场活动，如新产品发布、促销活动、价格变动等，充分利用市场监测工具和行业新闻，及时了解竞争对手的动态。

百事可乐和可口可乐两家公司在全世界都拥有一批数量众多的忠实粉丝，相同的可乐商品也使得两家公司成了对手，他们便一直在监测对方的市场活动，根据对方的新产品开发和服务创新来及时调整自己的营销策略。他们之间的竞争是长期存在的，双方互相鞭策，这样长期的、良性的正向竞争其实对双方都有极大的好处，它能够督促彼此不断地改进、研发创新，从而实现可持续发展。

3. 确定自身优势

了解自身，找到自己的优、劣势，才是企业进行自身市场定位的前提。企业创始人可以先进行资源评估，评估企业现有的财务资源、人力资源、物质资源和技术资源，分析企业拥有的设备、技术、品牌、专利、知识产权等独特资源。如苹果公司利用其在设计和品牌方面的优势，将自身产品成功地定位为高端智能手机。

企业还要进行能力评估，分析企业在研发、生产、营销、服务等方面的能力，识别企业能够在市场上脱颖而出的关键因素，如低成本生产、快速响应市场、卓越的质量管理等，沃尔玛便是靠其高效的供应链管理和低成本优势成为全球很大的零售商。企业也要识别自身在解决问题、创新能力、项目管理、客户关系等方面是否有专长，并将擅长的那一方面在市场上进行强化，弱势的部分则努力去补齐，但不用展示在市场上。强势的那一方面需要努力做优做好，试着将其发展为企业的核心竞争力。核心竞争力能为企业在市场上提供独特的价值，可以极大地提升自身在市场中的竞争力，这也是打响品牌力的重要支撑。

在做完上述准备工作之后，企业便可以确立自身定位，制定市场定位策略，选择一个或多个细分市场作为目标市场。在选择目标市场之时，也不要忘记考虑目标市场的规模、增长潜力和盈利能力，通过综合考虑，慎重选择。在选定之后可以先试着实施定位策略，进行市场推广和营销活动，并持续监控市场反馈和其业务表现，必要时可调整经营策略，以便为企业的前行保驾护航。

资源配置：
在一亩田模式下实现成本控制

一亩田模式就像是在一块小小的田地里种植作物，但却利用各种方法最大化地提高了产量和利润。这种模式下，非常重要的一点就是要控制好成本，就像农民要想办法降低耕种的费用一样。因为控制成本能够让企业在运营中更有效率地使用资源，从而节省资金并且增加利润。所以，一亩田模式中的成本控制就像是在管理一个小农场，如果不注意成本，就可能会浪费资源，最终影响到企业的盈利能力。

一、资源识别与评估

资源识别与评估是指在企业或组织的运营过程中，系统地识别和确定所需的关键资源，并对这些资源的可用性、质量、性能和成本效益进行评价。首先是识别关键资源，就像农场主要知道自己有多少土地、多少钱、多少员工和使用了哪些技术一样，企业也要确定那些对实现其目标和任务至关重要的资源。这些资源可能包括有形的资源，如资金、设备、原材料、人力资源等，以及无形的资源，如品牌、专利、技术、信息、声誉等。其次是评估资源现状，即对已识别的资源进行评价，以确定资源的价值、优势和劣势，以及资源对组织目标的贡献程度。资源评估通常涉及对资源的质量、性能、成本效益、可持续性、风险等方面的综合评价。资源评估有助于组织了解资源的利用效率和潜在价值，从而为资源的配置和优化提供依据。评估资源的价值和潜力时，可以采用不同的工具和方法，例如 SWOT 分析法。

二、资源优化策略

对所拥有的资源进行评估后，还需要提高资源的使用效率和效果，从而实现更好的业务绩效和可持续性。首先要实行精细化管理，对企业管理过程中的每一个环节进行细致入微的分解、量化、执行。将复杂的业务流程分解为若干个简单的步骤，以便更好地理解和控制管理，并要为每个步骤和流程设定可量化的目标或标准，它们可以是时间、成本、质量、产量等各个方面的具体数字。其次制定一套标准化的操作流程和规范，确保在不同的情况下，相同的工作都能按照统一的标准来完成。这样做可以减少工作过程中的变异性和不确定性，有助于保持品牌的一致性。

资金管理也至关重要。通过合理融资和投资，优化资金流，降低成本，提高利用效率。这就像是一个家庭需要合理管理家庭开支一样。企业需要确保他们的资金流动得当，通过合理的融资和投资，确保资金得到充分利用并且能够支持企业的运营和发展。

三、成本控制实施

对生产流程进行系统性的分析、识别和改进，以减少资源浪费、提高生产效率和质量。例如，借鉴精益生产理念，通过精益生产技术，如5S（整理、整顿、清洁、清洁、素养）和持续改进（Kaizen），通过消除生产过程中的不必要环节、减少库存和运输等手段，提高生产效率和质量。此外，通过自动化和机器人技术，可以提高生产效率，减少人工成本。

同时，通过互联网平台，企业可以实现供应链的管理，优化采购和物流流程。而在物流管理方面，通过对物流过程的实时监控和调度，优化物流路线，并与供应商和物流服务商建立长期合作关系，来达到批量采购和运输的目的。最后，企业要做好自身精准定位，从而减少无效的市场投入，提高了营销效率和投资回报率。

四、监控与调整

企业也需要时刻了解自己的资源使用和成本变动情况。通过建立一个系统来实时收集数据，并利用大数据分析技术来帮助我们理解这些数据，就像是把我们的数据放大镜放到企业运营上，让我们能够更清楚地看到问题和机会。利用大数据分析技术，企业可以实时收集和分析生产、销售、采购、物流等各个环节的数据，从而实现对资源使用情况和成本变动的实时监控。例如，通过安装传感器和智能设备，企业可以实时收集生产线的运行数据，分析设备故障、生产效率和能源消耗等情况，及时发现并解决问题。

特斯拉的创始人伊隆·马斯克，对成本的严格控制几乎成了一种信念。可以说，特斯拉的成长历程就是一部"成本持续降低"的进化史。马斯克始终把成本管理放在首位。无论是在特斯拉还是在 SpaceX，一旦遇到成本过高的情况，他都会毫不犹豫地进行"成本削减"，即彻底检查并减少不必要的开支。例如，在 SpaceX 的火箭发动机生产过程中，一家供应商的报价是 12 万美元，但马斯克觉得这个价格太高。他要求他的工程师以每个 5000 美元的成本来制造它。最终，工程师们发现可以将洗车系统的阀门进行改造，使其可以用于火箭燃料，从而降低了成本。伊隆·马斯克对成本的严格控制也影响了他所涉及的其他公司。据《马斯克传》一书所述，他将推特在萨克拉门托的服务器以极低的成本迁移，并成功节省了超过 1 亿美元的开支。他的团队甚至购置了蓝牙追踪器和工具，独立完成了服务器的搬迁工作。尽管这些举措充满了风险，但马斯克始终坚信，成本管理是推动电动化转型的核心。

由此可见，通过控制成本的方式，企业可以在不牺牲质量的前提下提供更具性价比的产品或服务，提高运营效率，减少不必要的开支和浪费。成本控制就像是给企业的航船掌舵，确保它能够在市场的海洋中平稳航行，避开暗礁和风暴，最终安全到达利润的彼岸。通过精确的成本控制，企业能够优化资源配置，提高效率，增强竞争力，并在激烈的市场竞争中乘风破浪，驶向成功的未来。

第四节

生产优化：
在一亩田模式下提高生产效率

生产优化是实现高效益的关键，"一亩田初级版"下的小微企业更需要在有限的资源下提高生产效率，以满足市场需求并获得可持续的利润。

何谓生产优化？生产优化即通过改进生产流程、采用先进技术和提高员工技能等方式，提高生产效率和质量。生产优化可以帮助企业降低成本、缩短生产周期，并提高市场竞争力。下面将分三点来简述企业应该如何提高生产效率。

1. 巧用大数据

"大数据"是近几年来的热门话题。小微企业要实现自身发展，就不能错过对新兴技术的研习，要抓住时代赋予的每一个全新的机会，譬如"大数据"这个工具。在当今时代，"大数据"这个工具如果运用得好，对这些小微企业来说，也许就意味着获得一次提升的机会。

目前来看，"大数据"在分析数据这一环节上可谓是全能的，它可以充分收集和分析市场数据，包括消费者偏好、价格波动、季节性需求变化等，准确地预测市场需求，从而优化库存和生产计划。通过这些准确的数据，企业就可以及时调整自己的营销策略以跟上市场的步伐。还有对消费者的群体分析，也就是用户画像上，"大数据"在这一方面也堪称完美。通过对消费者行为的深入分析，企业就能够了解消费者的购买习惯、偏好和反馈。知道消费者喜欢什么，企业就可以着重生产制造消费者喜欢的那一种商品与服务，把有限的资源与精力投放到一个点上，把这一块内容做得技艺纯熟，而不是均匀分布，每一种商品服务都要投入一部分精力，到最后很容易弄得满盘皆输。要记住，对小微企业来说，大投入、广撒网往往不是最明智的选择，精准挑选精准打击，抓住主要矛盾，把手头上有限的资源充分利用起来，让每一份资源都"物尽其用"，才是创始人要努力做到的。

除了分析之外，大数据还有支持智能决策的妙用。它可以为企业的决策提供数据支持，当企业管理者一时无法做出决策时，便可以借助大数据以及精确的科学计算与推理运行，用大数据的智慧来解决问题。比如企业可以使用大数据分析来辅助确定产品的最佳定价策略，通过分析消费者对不同价格的反应来优化价格点，提高销售额。

大数据，或别的新兴科技，都可以为管理者提供一个新的切入点，一个新的思路，一个新的角度，有时头脑一时闭塞，左想右想也拿不定主意时，管理者就可以利用大数据，发挥大数据的强大作用，换一个角度来看问题，或许就会柳暗花明。

2. 供应链优化

供应链优化是企业提高效率、降低成本、增强市场竞争力的重要手段。想要最大限度地利用手头资源，优化供应链，企业管理者首先要学会的就是与供应商建立长期合作关系，实现资源共享和协同生产。通过与供应商的紧密合作，企业不仅可以确保原材料的稳定供应，又能同时把采购成本降下来，可谓一举两得。

生产、销售等环节涉及物流配送的企业也要尽可能地优化这一环节，减少运输成本和时间。如更换先进的物流管理系统，优化运输路线，充分提高配送效率，缩短交货时间。亚马逊为什么能在全球市场上大获成功，主要是它独特又高效的物流和配送系统立了大功。虽然国内使用亚马逊的平台不多，然而国内的电商平台，无论是淘宝还是拼多多，甚至是日常生活中的外卖平台，它们都离不开快速的配送服务和努力为客户打造的高效体验。科技的发达给人类带来了许多便利，而发展到今天这个信息时代的社会，人们已经完全离不开便利了，任何的延迟都会被划分为低效的活动，而任何低效的活动都容易被淘汰。所以，要迎合国内用户的口味和脾性，就必须要在速度、效率上下功夫。

科学的库存管理系统，精细化的库存管理也是优化供应链中的一环。通过实施库存管理软件和技术，企业可以实时监控库存水平，实现库存的精准控制。这一点我们可以参考宝洁公司，他们便是用先进的库存管理系统，实现库存精细化管理，从而减少库存成本。

企业还可以建立信息共享平台，尽力打造供应链各环节的信息透明和协同，及时了解供应链各环节的状况，协调生产和物流，提高整个供应链的效率。还要借助高效的供应链，鼓励各环节提出改进建议和创新方案，不断优化供应链管理，持续创新。而创新又能促进供应链效率的提高，这也是一个相互促进的过程。

供应链是一条长长的、涉及多方的复杂系统，想要优化，就要抓住每一个环节，每一步都不能放松懈怠。

3. 源头提升

想要优化生产效率，企业还得在源头上下功夫。通常而言，都是量变才会引起质变，所以如果只是多做表面功夫，最后也无法呈现出良好的效益。因此企业要从生产链的根部开始解决问题。

基层参与生产的员工技能的提升十分重要，企业管理者可以提供定期的培训和发展机会，确保员工具备最新的技能和知识，内部培训、外部研讨会、在线课程等方式都是可行的，只要能提升员工的技能水平即可。管理者可以定期到生产车间视察员工的技能水平是否有提高，还有哪些不足，然后再对症下药，这也是立竿见影的一种手段。

企业还应建立严格的质量控制体系，通过持续改进和质量反馈，不断提升产品质量。第一次生产出来的产品合格了，就减少了返工的次数，也减小了客户因不满而投诉的概率，这对于生产效率的提升也是非常明显的。

总之，无论采取什么措施，都是为了将技能提升与质量提升结合起来，促进整条生产链的加速运转，让企业的资源得到合理运用，从而实现稳健的发展。

持续成长：
一亩田初级版商业模式的可持续发展策略

在商业活动中，通过有效的管理，才能确保企业有足够的资源（如资金、客户、员工等）来支持其长期的运营。而一种商业模式能否做到可持续发展，是企业能否长期保持成功经营状态的关键。针对这个目标，结合一亩田模式的特点，笔者提出如下建议。

一、持续的市场研究

1. 市场细分

企业需要了解不同消费者群体的需求和偏好，从而将目标市场划分为更小的、具有相似特征和需求的群体，以针对性地开发和推广产品。例如，根据年龄、性别、收入水平等因素将市场划分为不同的细分市场，从而吸引更多潜在顾客，提高营销效率和销售量。

（1）需求细分：这种细分是根据企业解决问题的需要进行的。例如，麦当劳在不同地区根据当地人的口味和需求调整其菜单和服务，如在美国加油站提供快速取餐服务，而在中国则强调本地化口味和健康食品。

（2）地理细分：这是根据客户的地理位置进行的细分。例如，携程可以根据不同城市的用户需求和消费习惯来定制不同的服务和促销活动。在美国等国家，可能会为客户提供与当地天气模式相匹配的选项。地理识别是季节性细分的重要组成部分，可让企业向客户销售适合季节的产品。

（3）心理特征细分：这是基于客户的个性和兴趣进行的细分。例如，豪华度假胜地可以根据客户的生活目标、价值观等心理特征来定制服务和营销策略。

（4）行为细分：这种细分是根据客户的行为模式进行的，如消费习惯、浏览习惯、与品牌的互动等。例如，在线葡萄酒俱乐部 Vinomofo 根据客户的购买历史和行为模式来定制个性化的营销活动和优惠。

2. 竞争对手分析

在分析竞争对手的策略时，我们可以从两个典型的案例中学习，如小米和苹果公司的竞争策略。小米公司采用的是成本领先战略，通过降低成本来提高市场占有率。例如，当其他配置相同的智能手机售价在 3000 元左右时，小米手机通过优化供应链，将产品价格定在 1999 元，成功吸引了大量之前无法承担智能手机费用的消费者。相比之下，苹果公司采用的是差异化战略，通过提供高品质和创新性的产品来支撑高价，从而获取高利润。例如，苹果公司对产品的每个细节都有严格的要求，如 iPod（数字多媒体播放器）和 Macbook（苹果笔记本）的后盖是由一家拥有几十年手工经验的小型日本企业进行打磨的，展现了其对品质的极致追求。

二、客户个性化服务

通过 CRM 系统跟踪客户购买历史、偏好和行为，提供个性化的产品推荐和服务。那么，应该怎样做呢？

（1）收集客户数据：在确保遵守数据保护法规，尊重客户隐私的情况下，通过在线调查、社交媒体、客户互动和购买行为等方式收集客户数据。

（2）分析客户数据：使用数据分析工具，如统计分析软件、数据挖掘技术等，对收集到的数据进行分析。识别客户的需求、偏好和行为模式。

（3）设计个性化产品和服务：根据分析结果设计满足特定客户需求的产品和服务。允许客户在购买过程中选择或定制产品选项。

（4）利用技术实现个性化推荐：利用人工智能、机器学习等技术，根据客户数据提供个性化推荐。优化推荐算法，提高推荐的精确度和相关性。

（5）提供定制化的沟通和服务：使用 CRM 系统跟踪客户信息，以便在适当的时机提供个性化的服务和沟通。确保客户服务人员了解客户的个性化需求。

Step.01 收集客户数据
Step.02 分析客户数据
Step.03 个性化产品和服务
Step.04 个性化推荐
Step.05 提供定制化的沟通和服务

三、风险管理

建立一个系统性的风险管理框架以应对市场波动。根据风险评估结果，制定相应的风险缓解策略和应对计划，应包括预防措施、应对措施和恢复计划等。

乐高集团，作为玩具行业的全球领导者，其风险管理的做法极为引人注目。公司采纳了多种策略，包括对战略风险进行细致的应对、运用蒙特卡洛方法进行模拟、实施积极的风险与机遇规划（AROP），积极接受其不确定性。通过这些方法，乐高集团在应对不确定性时，将潜在的机会和挑战都整合进了其风险管理框架中。从乐高的成功中，笔者总结出以下风险管理的四部曲。

1. 第一部曲：风险识别，市场调研加审计，信息分类登记册，风险清单手中持

收集信息：通过市场调研、内部审计、专家咨询等方式收集与企业和行业相关的风险信息。

风险分类：将收集到的信息按照不同类型进行分类，如市场风险、财务风险、操作风险等。

建立风险登记册：记录所有识别出的风险，包括风险描述、潜在影响、发生概率等。

2. 第二部曲：风险评估，分析评级定措施，应对计划详又细，预防措施不马虎

风险分析：对每个风险进行深入分析，包括风险的可能性和影响程度。

风险评级：使用风险矩阵等工具对风险进行评级，确定高风险和低风险领域。

制定应对策略：基于风险评级，为每个风险制定相应的应对策略，包括预防措施和应对计划。

3. 第三部曲：风险缓解，执行监控防疏漏，沟通协作共努力，风险降低有保障

实施风险缓解措施：根据风险评估的结果，实施预防措施和应对计划，以降低风险的可能性和影响。

监督和审计：定期对风险缓解措施的执行情况进行监督和审计，确保其有效性。

沟通和协作：与相关方沟通风险缓解计划，确保他们了解并支持这些

措施。

4. 第四部曲：风险监控，持续审查更新册，市场变化随应对，风险管理
不松懈

持续监控：建立一个持续的监控机制，定期检查风险管理措施的有效性。

定期审查：定期审查风险登记册，更新风险信息，评估新的风险因素。

应对变化：根据市场变化和企业内部情况的变化，调整风险管理策略和
措施。

模式 4

一亩田高级版
（毛利 50% 以上适用）

一亩田：
从初级到高级的演进

在上一章中，"一亩田"初级版面向的是追求 20% 以上利润的小规模企业。这个阶段的企业注重的是成本控制和效率提升，通过优化资源配置和信息透明度来增强企业的竞争力。初级版的核心在于通过精细化管理，使得企业在有限的资源下实现最大的产出和利润。

随着市场的变化和企业的发展，"一亩田"高级版应运而生，它面向的是追求 50% 以上利润的、已经具备一定规模的企业。高级版的核心在于与合作伙伴携手实现价值共创，通过跨领域合作战略促进创新，致力于建立坚定不移的品牌忠诚度，并依托智能化技术推动业务扩张。这种模式旨在通过高效利用资源、精准定位市场，实现规模化增长与持久竞争优势。

如果仅从字面意思出发，用土地作比喻的话，在运用"一亩田"初级版的时候，你可能只是在那里种些普通的作物（基本运营），保持田地整洁，确保有稳定的收成（利润）。然而，当你进入高级版时，你就开始使用更先进的农业技术，比如自动化灌溉系统、无人机监测作物健康，甚至可能引入智能化的种植技术，比如室内垂直农场。这些高级工具和策略帮助你以更少的努力（成本）获得更多的收成（利润），而且你的作物（产品或服务）在市场上更有竞争力，因为它们更健康、更一致，而且可能是有机的或者有其他吸引人的特性。

　　详细来说，一亩田初级版和高级版所适合的企业可以从多个维度进行分析，包括企业规模、市场定位、资源能力、技术水平和成长阶段等。

	初级版	高级版
企业规模	小规模	中到大规模
市场定位	需要明确市场定位和核心竞争力	已经有一定地位
资源能力	资源有限	资源较为充足
技术水平	较薄弱	较强
风险承受能力	较低	较高
业务复杂性	相对简单	复杂
管理能力	较弱	较强

1. 企业规模

　　初级版：适合小规模或初创企业，这些企业通常资源有限，需要通过高效利用资源来实现盈利。

　　高级版：适合中到大规模的企业，这些企业拥有更多的资源来投资于技术创新和市场扩张。

2. 市场定位

　　初级版：适合那些需要明确市场定位和核心竞争力的企业，帮助它们在市场中找到自己的位置。

　　高级版：适合已经有一定市场地位的企业，它们需要通过跨界合作和品牌建设来进一步扩大市场份额。

3.资源能力

初级版：适合资源有限的企业，重点在于如何将现有资源的产出最大化。

高级版：适合资源较为充足的企业，有能力投资于新技术、新市场和新产品的开发。

4.技术水平

初级版：适合技术基础较薄弱的企业，可以通过引入一些基本的效率提升技术来增强竞争力。

高级版：适合技术实力较强的企业，能够利用先进的技术，如 AI、大数据等来驱动业务增长。

5.风险承受能力

初级版：适合风险承受能力较低的企业，注重成本控制和风险规避。

高级版：适合风险承受能力较高的企业，愿意投资于创新和探索新的商业模式。

6.业务复杂性

初级版：适合业务模式相对简单，需要专注于核心业务的企业。

高级版：适合业务复杂，需要多元化发展和跨领域合作的企业。

7.管理能力

初级版：适合管理能力较弱，需要简化运营流程和提高管理效率的企业。

高级版：适合管理能力较强，能够处理复杂合作关系和多元化业务的企业。

在高级版"一亩田"模式中，价值共创、跨界合作、建立品牌忠诚度与智能化扩张，四者相互支持、相互促进，共同推动企业实现规模化增长与保持优势。

在价值共创方面，高级版"一亩田"首先强调了与供应商和合作伙伴建立长期合作关系的重要性，以确保供应链的稳定性和效率。其通过深入了解客户需求、收集客户反馈以及共同开发新产品和服务来满足市场需求。其次还强调了与竞争对手建立合作关系的重要性，特别是在非核心业务领域，同时强调了合作形式、时间框架以及保密协议的重要性。最后还提到了用户参与和客户融合的重要性，通过用户参与和客户融合来提升用户体验、客户忠诚度和满意度。

在跨界合作方面，高级版还强调跨界融合，其鼓励企业打破传统的行业界限，与其他领域的企业进行创新合作。这种跨界合作能够帮助企业发现新的商业模式，开拓新的市场，实现业务的多元化发展。不同领域的合作不仅可以整合不同领域的资源，为客户提供更丰富、更优质的体验；还可以为企业带来更多创新想法，丰富产品和服务形式，从而增强抗风险能力、创造新的需求以推动行业发展。这种跨界合作模式为企业带来了新的发展机遇，实现了资源共享、优势互补，推动了企业的可持续发展和创新。

在建立品牌忠诚度方面，高级版"一亩田"在三个方面概括了如何打造忠实的品牌粉丝群体，包括优化购买体验、建立品牌故事和建设品牌社区。首先，通过改善购物环境和丰富互动体验来优化购买感受，同时构建情感联结，包括品牌创始故事、产地故事和用户故事，以增强品牌与消费者之间的联系。其次，通过建立品牌社区，消费者可以参与品牌建设，实现共创共享。

在智能化扩张方面，高级版"一亩田"利用先进的信息技术，如人工智能、大数据分析、云计算等，来优化生产流程和服务流程，提高效率，同时通过数据分析和实时监控，提升决策的精准性和响应市场的速度。此外，智能化还可以帮助企业提供个性化的客户服务，增强客户互动体验，满足市场的多元化需求，从而在激烈的市场竞争中保持优势。

总之，"一亩田"模式从初级到高级的演进，展现了企业从小规模到大规模、从成本控制到价值创造的成长历程。无论是哪个行业的企业，都可以从"一亩田"模式中汲取经验，实现自身的可持续发展。

第二节

价值共创：
携手共筑商业价值

价值共创，就是企业和用户或其他合作伙伴一起合作，共同创造价值。本节旨在为读者揭示价值共创的核心理念与实践方法，通过阐述企业如何与供应商、合作伙伴、客户，甚至竞争对手建立合作关系，以及企业与各方利益相关者如何共同参与到产品设计、生产、推广和服务等环节中，从而建立一个多方合作模式，以实现商业价值的最大化。

一、与供应商、合作伙伴建立合作关系

与供应商建立合作关系时，企业需要关注供应链的稳定性和效率。这意味着要选择那些能够提供高质量原材料或组件，并且能够按时交付的供应商。同时，企业应与供应商建立长期合作关系，以获得更优惠的价格和更好的合作条件。此外，企业还应与供应商保持开放式沟通，及时反馈产品需求和问题，并鼓励供应商参与产品设计和改进过程，共同提升产品质量和创新技术。

在"万能合作人"模式中我们曾详细介绍了如何与合作伙伴建立合作关

系，在此节将进行简要概括。企业需要寻找能够补充自身能力的合作伙伴，实现资源共享和能力互补。这意味着企业应选择具有相似的企业文化和价值观的合作伙伴，以确保双方合作顺利。同时，企业应与合作伙伴明确合作条款，包括股权分配、利润分享、决策权等，并在合作中保护双方的知识产权。此外，企业还应与合作伙伴共同投资和分担风险，共同推动项目成功。

二、与客户建立合作关系

与客户建立合作关系时，企业需要深入了解客户的需求和偏好，提供符合市场需求的产品和服务。为此，企业应建立有效的客户反馈机制，收集客户的意见和建议，并根据市场反馈调整产品和服务。同时，企业还应通过优质的服务和持续的创新，与客户建立长期的关系，提升客户的满意度和忠诚度。此外，企业还可以与客户合作进行市场趋势分析，共同开发新的产品和服务。

用户参与：就是通过各种方法，让用户参与产品的策划设计、开发等过程，达到提升用户体验的目的。产品经理、界面设计师、开发者、测试专家，包括领导者，他们并非真正的用户，与真实用户存在视角和思维模式的差异。深入洞察用户，才能打造让他们满意的产品。"用户参与"强调沟通和互动，换言之，就是邀请顾客融入产品开发、推广、客户服务过程中，从而为商业运作注入更多活力，拓展客户群体并延长用户忠实于品牌的期限，这或许将涵盖产品的整个生命周期。在商业和市场活动中，用户参与非常重要，因为它通常与用户的忠诚度、购买意愿以及口碑传播紧密相关。高用户参与度往往意味着更好的商业表现和更强的市场竞争力。

网易云音乐从早期就意识到了要关注用户画像和需求，它通过构建社区化平台，满足用户个性化和社交化的需求，从最初与其他音乐软件无异的歌曲榜单，到出现独具一格的私人 FM 和每日推荐，以及推出主打"汇聚个体记忆，收藏时代声音"的年度听歌报告。更不用说火出圈的"网易云音乐歌曲热评"，即用户在平台上分享对音乐的感受、个人故事或生活体验，引起了不少人的共鸣，成为中国互联网文化中一个独特且受欢迎的组成部分。网易紧紧抓住了这一用户自发打造的流量，通过热评区衍生出云村热评墙，打造云圈强化社交，推出 MLOG 促进用户创作等，精准洞察用户情感需要，让用户亲自参与搭建每个人不同的音乐世界，把用户参与做到了极致。

随着企业单方面主宰营销和服务的时代逐渐落幕，一个相互交织、彼此融合的"客户融合"新时代已经开启。笔者坚信，通过对客户关系管理进行重新整合，构建积极且精确的客户交流新体验，以及提升和改进"客户融合管理"系统，将成为企业通往持续成长之路上的关键一环。

三、与竞争对手建立合作关系

与竞争对手建立合作关系是一种特殊且微妙的商业策略，它要求企业在保持竞争活力的同时，寻找共同的利益点。这种合作通常发生在非核心业务领域，或者是市场扩张和新技术开发等共同利益较大的情况下。

在与竞争对手合作时，企业需要确保合作不违反反垄断法和其他竞争法规，避免因合作而破坏市场竞争秩序。为此，企业可能需要咨询法律专家，确保合作条款和合作方式的合法性。此外，企业之间需要建立信任机制，签订保密协议，保护商业敏感信息不被泄露给竞争对手。

合作的具体形式可以多样，如共同研发、市场开拓、标准制定等。合作的时间框架也应当明确，以便在合作结束后，双方能够根据市场情况重新评估合作的必要性。

漫威和 DC 这两大漫画巨头提供了一个经典的案例。他们通过合作，创造了一个全新的宇宙——AMALGAM COMICS，将各自的超级英雄角色融合在一起，如超人与美国队长合并为SUPER-SOLDIER，蝙蝠侠与金刚狼合并为DARK CLAW。这些故事虽然只发行了一册，但展现了两大巨头合作的无限可能。这种合作不仅满足了粉丝的期待，也为双方带来了商业上的成功。

最后需要再次强调的是，与竞争对手建立合作关系是一种高风险和高回报的策略，需要企业在保护自身利益的同时，找到与竞争对手的共同点，并通过法律和商业手段确保合作的顺利进行。通过这种方式，企业不仅能够在竞争激烈的市场中找到新的增长点，还能够在不损害市场竞争的前提下，实现双方或多方的共赢。

跨界融合：
打破边界，创新合作

对一亩田高级版（毛利 50% 以上适用）模式下的企业来说，跨界融合与创新发展是实现高毛利的关键。企业需要打破传统的经营边界，与其他行业或领域进行创新合作，以实现资源的优化配置和价值最大化。

首先，我们需要理解跨界融合的概念。跨界融合是指企业与其他行业或领域的合作伙伴进行合作，实现资源共享、优势互补和技术创新。跨界融合可以帮助企业打破传统的经营边界，拓展市场空间，提高竞争力和盈利能力。

企业想要拥有超过 50% 的高毛利，仅老老实实地做自己的本分工作是不行的。常言道，"穷则变，变则通，通则达"，一直坚守固定的模式运行，一般不会出差错，但也难以彰显出别具一格的精彩。时间久了，可能还会因为环境、政策等内、外部因素的变化而出现新的问题。因此，长久运行一种固定的模式，还想有超高额的利润进账，大概率是行不通的。企业要想有高利润，就要勇于创新、求变，每一次大胆的创新和求变，都会带来一次次的新生。

在这样的条件和原则之下，企业就要勇敢地去尝试拓宽自己的边界，探索自身更多的可能。在此我们就要谈谈跨界融合与创新合作。试想一下，一个企业原先只是干旅游业的，发展得再好也只是持续性地赚旅游业这一个行业的利润，如果与外贸或是别的行业跨界融合，将企业发展壮大起来，那么其盈利的触手将更多更长，赚取利润的空间也就更大了，成功的机会也将越来越多。这便是成功的跨界融合，能给一亩田高级版的企业带来显著的利润，具体要如何操作，笔者在此也给出如下建议。

一、寻找合适的合作伙伴

在进行正式的跨界融合之前，企业要先找到合适的合作伙伴，即分析其他行业或领域的合作伙伴，寻找与自身业务互补的合作伙伴。

企业要瞄准目标行业，根据自身产业的发展情况和未来的发展意向，找到适合本企业的可发展的行业，分析目标行业的发展趋势、市场规模、竞争格局等，了解行业内的主要企业、潜在合作伙伴和竞争对手，再在这个目标行业里寻找合适的合作伙伴。

跨界融合中，资源共享成为一个占比大、影响力重的模块。因此企业在寻找合作伙伴之时，不要忘记评估资源的互补性。资源互补性的评估主要评估潜在合作伙伴的资源，如技术、市场、资金等，还要分析合作伙伴的资源与自身资源的互补性，确定合作可能带来的协同效应。除此之外，也要评估潜在合作伙伴的信誉、业绩、管理团队、企业文化，了解合作伙伴的经营状况、发展潜力、市场定位等。了解潜在合作伙伴的合作意愿和目标，确保双方目标一致，并探讨潜在合作伙伴对合作项目的看法和期望，寻找共同点和分歧点。

这些步骤与环节看上去既烦琐又细碎，但都缺一不可。毕竟是选择合作伙伴，企业在各类评估上要保持耐心，稳住心态，慎重全面。

合作伙伴挑得好，便是两家甚至多家企业一起腾飞，创造出行业奇迹。

如可口可乐和迪士尼，它们属于不同行业的翘楚，本身就具有响当当的知名度和业务能力，双方进行跨界合作，搞联盟联动，推出限量版主题饮料和广告，是很简单的行为，但又能通过如此轻松的合作活动再度提高品牌知名度和市场影响力，吸引更多消费者。单一的可口可乐，消费者可能都买腻了，但是加上具有迪士尼特色的可口可乐，便又变得不一样了，在原来的基础上又增加了新的魅力，消费者再次买单的可能性也将大大增加。这样的联名活动，目前也是被各个行业所学习应用的，是一个热度爆棚、风险又不大的合作活动。不过，这类活动由于其创新的含量并不高，所以极易被模仿。但只要做得出色、做得精彩，虽然活动本身新意不高，但可以在活动内容上采用一些特殊的手段，依然会有大量消费者愿意买单。

二、创新合作模式

前文提到的联名活动是不同行业的企业之间最简单、最容易上手、技术含量一般的一种合作。当然，跨界合作的方式不止这一种，企业完全可以追求技术含量更高的合作活动，尤其是对于追求高毛利的一亩田高级版企业来说。创新含量越高，技术含量越高，就意味着门槛越高，其可替代性也就越低。即一般企业复刻不了你的成功，从而使得自己能够牢牢站在群峰之巅。

合作涉及的生产链、内容，还有形式其实都是多样的。有一种合作模式叫战略联盟，是指两个或多个企业为了实现共同的战略目标，通过共享资源、技术、市场渠道、信息等，在一定时期内形成的合作关系。这种合作方式旨在利用合作伙伴的优势，共同应对市场竞争，提高市场地位和盈利能力。想要进行跨界合作的企业可以学习这种模式，它的挑战性不是特别高，却能集各家之长，如宝马、英特尔、谷歌之间的合作，共同开发了自动驾驶技术。它们都是不同行业的翘楚，通过拿出各自的看家本领，共同研发新产品，开拓新市场。

供应链创新，在生产的初期便去寻求合作，这也是一种可学习的模式。还有开放创新，就是通过直接建立开放创新平台，鼓励外部创新者参与研发和创新，就像西门子做的那样，通过开放平台与外部创新者合作开发新技术。但这类模式的风险较高，当然，高风险的同时也伴随着高回报，所以还是要依企业的具体情况而定。

品牌合作也是一种便捷的合作模式，企业可以与其他品牌进行合作，共同开发新产品或市场，提高品牌价值。例如，耐克与苹果合作，推出配备Nike+技术的运动鞋，这样就在吸引原先品牌受众的同时又吸引了新一波粉丝。品牌效应对于想要高毛利的企业来说其实十分重要，一亩田高级版的企业可以着重考虑这一点，因为强大的品牌是有自己的忠实粉丝和驱动效应的，价格有时已不在消费者的衡量范围之内。当然，想要做到这一点，首先要有品牌效应，这一点将在下一章节中详细阐述。

品牌忠诚度：
打造忠实的品牌粉丝群体

在第二节中我们谈到了如何与客户建立合作关系，正是基于这些成功的合作案例，我们才更加坚信，只有将客户的需求放在首位，才能赢得市场的认可，我们最终的目的是让品牌拥有自己的高度忠诚的粉丝群体，而与客户合作只是实现这一蓝图中的小小一环。

一、优化购买体验

环境布局：确保购物环境整洁、宽敞，避免拥挤。合理的布局能帮助消费者轻松找到产品，减少寻找的时间。

照明与色彩：适宜的照明能提升商品展示效果，温暖的色调能营造舒适的环境。自然光的运用也是一个加分项。

休息区设置：提供舒适的休息区，可以让顾客在购物间隙得到放松。

音乐与香味：背景音乐的选择要符合目标顾客的喜好，香味的使用要适度，以增强消费者的正面情绪。

互动体验：设置互动体验区，如产品试用、体验活动等，以增加顾客的参与感和乐趣。

信息导视：清晰的产品信息和导购标识可以帮助顾客更快找到所需商品，减少等待时间。

二、建立品牌故事

一个强有力的品牌故事不仅能够帮助企业在竞争激烈的市场中脱颖而出，还能够增强品牌与消费者之间的情感联系，提高品牌的感知价值。通过讲述引人入胜的故事，品牌能够传递其价值观和信仰，使消费者更好地理解品牌代表什么。这种情感上的连接和共鸣使消费者更愿意为品牌的产品或服务支付更高的价格。

1. 创始人生平模式

2004 年是路易·威登成立 150 周年，这一年开展了品牌庆祝活动，巴黎香榭丽舍大街上的品牌专卖店举办了展览，展示了超过 3000 款 LV 箱包样品以及品牌创始人路易·威登的肖像。这次展览让参观者得以窥见这位从木工成长为商业巨头的人物背后的创业故事。

路易·威登品牌的创始人是路易·威登，他出生于 1821 年，是一个法国乡下贫穷木匠的儿子。路易·威登年轻时就离开了家乡，徒步前往巴黎。到达巴黎后，路易·威登开始为当时的贵族和上流社会人士打旅行箱。他因精湛的工艺和对客户需求的深刻理解而迅速获得了良好的声誉。他设计的旅行箱不仅结构坚固，而且轻便，易于携带，这在 20 世纪中叶来说，是一个革命性的创新。

1854 年，路易·威登决定开设自己的行李店，开始生产自己的旅行箱。他的设计非常成功，因为它们不仅实用，而且时尚。他的顾客群体中包括许多显赫的家族和名人。

2．产地情节模式

依云：依云的矿泉水品牌故事与其水源地——法国阿尔卑斯山脚下的依云小镇相连。依云矿泉水经过长达 15 年的天然过滤和冰川砂层的矿化，赋予了其独特的矿物质成分。品牌故事中强调了其水源地的纯净和自然特性，以及长期饮用对身体的益处。

瑞士莲：瑞士莲是一家著名的瑞士巧克力制造商，其品牌故事强调了瑞士的巧克力和甜品制作传统。瑞士莲的宣传材料中经常展示阿尔卑斯山的美丽景色和瑞士的优质可可豆，以此来强调其巧克力的纯正和高品质。

茅台酒：茅台酒是中国著名的白酒品牌，其品牌故事强调了产品的原料产地——贵州省茅台镇。茅台镇独特的地理环境、气候条件和水质对茅台酒的特殊风味起着至关重要的作用。品牌故事中常提及这些自然因素如何影响了茅台酒的制作过程和最终口感。

3．用户故事策略

Nike 经常在其广告和营销活动中使用顶级运动员的用户故事。例如，他们与迈克尔·乔丹的合作，不仅推广了乔丹品牌系列的篮球鞋，还讲述了他作为一名篮球运动员的成就和挑战。除了与顶级运动员的合作，Nike 还通过其 "Nike Athlete" 项目与业余运动员和运动爱好者合作，讲述他们的故事。这些故事展示了普通人如何通过运动改变自己的生活，实现自己的目标。通过这些用户故事，Nike 强调了其品牌与消费者之间的联系，并鼓励更多的人参与运动，追求更健康、更积极的生活方式。这种故事模式帮助 Nike 与消费者建立了一种超越产品本身的关系，激励人们追求自己的梦想和目标。

三、品牌社区建设和参与

品牌社区是一群忠诚的品牌客户，他们因对品牌的忠诚度以及品牌为他们提供的东西而联系在一起。与其他群体的不同之处在于，一个品牌社区不仅对品牌忠诚，而且他们还具备着一些共同的仪式和道德责任感。

2003 年乐高遇到了巨大经营危机，当年的全球销售额降幅达 29%，累计债务近 8 亿美元，当时乐高已经处于摇摇欲坠的状态。不过，十几年后的今天，乐高打了一场翻身仗。2015 年，乐高超越法拉利成为全球最知名的品牌。2020 年，乐高更获得了"全球最受喜爱品牌"这一殊荣。乐高的涅槃重生有很多原因，其中非常重要的一点是，乐高充分利用了自己的"超级用户"，激活自己的"私域流量"，让死忠粉们的创意发挥了强大的力量。

公司建立了一个名为"乐高创意"的在线平台，吸引了来自全球的爱好者和创作者，使他们能够对乐高未来的产品进行构思和提出建议，形成了一个由消费者共同参与和创意共享的社区。

在乐高创意社区，用户得以提交个人的创新方案，同时寻找其他支持者。若其提案获得足够的认可，乐高官方团队将对其进行评估，并可能将其投入生产。这些产品会在全球范围内出售，而提案者将有机会获得销售收益。目前，乐高创意社区已拥有超过 180 万个注册会员，他们共计提交了超过 36000 个项目，其中若干项目已成功进入市场。

智能化扩张：
技术驱动，智慧成长

"君子爱财，取之有道。"企业要发展扩展，光靠蛮力是不可行的。在科学技术发达的今天，一亩田高级版的企业更是要学会巧用科技。

扩张是拓宽企业的生产版图、目标市场和未来图景的手段，而智能化扩张则是要借助现代信息技术和智能化手段，实现快速扩张和持续增长。这种扩张方式可以提高企业的生产效率、降低成本、提升客户体验和市场竞争力。企业要如何做才能将新兴而高深的技术吸纳进来，为自己效力？笔者在此给出如下几点建议。

一、技术投入与研发

对企业的关键生产环节进行技术投入与研发必然是实现智能化扩张的核心，没有学习到核心技术，便没有用技术进行发展的后话了。然而，新兴的科学技术层出不穷，企业不可能，也没必要把样样都学精了。古话有云，"术业有专攻"，企业学习技术也是一个道理。企业需要明确研发的方向和目标，制定自己的长期目标和战略，再根据自己的策略，专挑几样对口的高精尖技术学习即可。特斯拉为什么能享誉全国？就是因为它从一开始就明确自己的研发目标是为全球提供清洁能源的解决方案，推动电动汽车行业的发展。它便顺着这个方向，把对口的专业技术学精学深，聘用人才，走出了专属于自己的电动汽车的商业之路，在电动汽车行业做到了顶尖。

同样地，选完方向，还要聘请专业人才。企业要建立专业的研发团队，包括工程师、技术人员和研究人员，并且一定要重金礼待这些技术人才，因为他们是底下任何一个基层员工都无法代替的，战场上若是丢了一个帅，是无法用一个卒来进行弥补的。谷歌这么顶尖的公司，都有自己的智囊团，有十分专业的研发团体，拥有世界上最顶尖的计算机科学家和工程师，专注于人工智能和机器学习等前沿技术的研究。此外，也绝对不能吝啬在研发上的投入，这一条研发链条是高科技、高奖金驱动的，和底层生产链的流水线工作截然不同，企业既然要为最顶尖的科学技术付费，就要舍得投入资金。想要从他人身上牟利，就要先把钱花出去，不能总想着空手套白狼。因此，企业管理者一定要舍得增加研发投入，确保有足够的资金支持研发活动，像苹果公司到了现在这样功成名就的地步，也是步履不停地，每年依然有数亿美元用于研发，不断地推动其产品创新和技术领先，牢牢地巩固自身地位。

二、智能化生产与管理

说完对于技术的研发与投入，我们再来说说如何进行智能化生产与管理。以目前较火的人工智能来看，企业可以引入自动化设备和机器人技术，替代传统的人工操作，以提高生产效率和产品的精确度。比如富士康，它就在其生产线中大量使用机器人，使用人工智能实现了生产自动化，降低了人力成本。这样一来，节省下来的人力成本便可以投入更需要经费的、更高精尖的生产环节中去。

其实智能化生产与管理讲究的就是新兴技术的使用，优化生产环节与管理环节，让整个过程都变得更加高效。比如说，企业可以利用大数据分析技术，对生产数据进行深入挖掘，为决策提供数据支持。通过对生产数据的实时监控和分析，企业可以及时发现生产瓶颈，制定改进措施，提高生产效率。还可以利用物联网和大数据技术，实现设备的预测性维护，降低故障率和维护成本。既然已经学习利用了人工智能大数据，企业便可以物尽其用，将其运用到生产的各个环节中，利用工业工程技术和数据分析，优化生产流程，提高生产效率和降低成本。

当然，企业的创新扩张发展仅靠人工智能与大数据是不行的，还要充分发挥智囊团的作用，也就是上文提到的研发团队的作用。当然，企业管理者也不要小看普通员工，有些时候员工也能提出很好的点子或一流的创新方向。所以，企业对员工也不能轻易放弃。可以通过加强对员工的技能培训等方式，既提升员工的数字化和智能化操作能力，也能够提升员工的信息敏感度。同时，企业可以设立一些创新奖项来鼓励员工提出改进建议和创新方案，不断优化生产和管理流程。

三、智能化市场扩张

企业想要智能化扩张，获得高毛利，拓宽市场也是很重要的一方面。只有市场拓宽了，对应的消费者群体也更为庞大了，市场占有率和盈利能力才会逐渐提高。

企业可以利用技术，比如数字营销工具和社交媒体平台，提高品牌知名度和市场影响力。先打响自己的品牌，再逐步拓宽市场就更好进行了。当前的社会，年轻人是消费主力军，现在又是互联网的时代，因此更要利用互联网和社交媒体，让自己的品牌更有话题度。

管理者还可以利用在线平台和电子商务渠道，拓展新的市场空间，提高市场占有率。或者利用国际化战略，拓展国际市场，提高全球市场占有率。无论线上线下、国内国外，想要拓宽市场，企业都应该有策略地运用智能化手段来尝试，这也是"互通有无"的信息时代的大势所趋。

不过，要拓宽市场，还是要凭借过硬的产品。因此，企业的生产环节是最不能放松的。有了独特的高精尖技术，持续性地研发新兴产品，把独特性和质量都提上来，把一个产品做得多样化、多维度化，才有可能真正地实现市场的拓宽。

模式 5

"包租公（独家代理）模式"

明确主体：
"包租公"角色的确立

与过去不同，在本模式语境中，"包租公"指的是某种资源或者平台的拥有者，他们通过出租或者授权给他人使用，从而获得收益；而"包租公（独家代理）模式"通常指的是拥有市场主导地位的企业或个人（比喻为"包租公"）对资源或服务设定收费标准和规则的模式。这个"包租公"因为拥有某种优势（如市场占有率、独家权利、关键资源等），所以能够对其他参与者（比喻

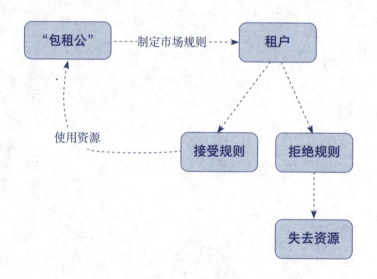

为"租户")施加影响，要求他们接受这些规则，否则，其他参与者要么遵守，要么离开。

例如，苹果公司在其 App Store（应用商店）中对于应用内购买（如打赏）收取 30% 的分成，就是一种"包租公（独家代理）模式"。苹果作为平台的所有者，设定了一个规则，即任何在其平台上进行交易的开发者都必须支付这笔费用。开发者可以选择接受这个条件，继续在 App Store 上提供服务，或者选择其他平台，比如 Google Play Store（谷歌应用商店）。

在现代商业环境中，"包租公（独家代理）模式"可能涉及多种形式，比如：

（1）房地产租赁：这是最传统的"包租公（独家代理）模式"，房东拥有房产并将其出租给租户，通过房租收入获取利润。

（2）平台经济：在互联网时代，平台成了重要的商业模式。平台所有者通过构建一个市场或空间，允许供应商和消费者进行交易，平台则通过收取交易费、广告费或其他服务费来盈利。

（3）专利和技术授权：企业或个人拥有某项专利或专有技术，然后将这些技术授权给其他企业使用，通过授权费用获利。

（4）特许经营权：拥有特定品牌或技术的公司会授权给第三方使用其品牌进行经营，被授权方需要支付一定的特许经营费用。

（5）资源开采权：在资源丰富的行业，如石油、矿产等领域，政府或企业可能会出售或出租开采权给其他企业，后者支付权利金或租金。

例如，纽约时代广场的巨屏广告投放就可以被视为一种"包租公（独家代理）模式"。时代广场位于纽约市的心脏地带，是全球最繁忙、最知名的广告和娱乐中心之一。其大屏幕广告不仅因其外观而引人注目，还因其所在的地理位置具有极高的曝光率。因此，拥有屏幕的公司就将其出租给有需要的企业进行广告投放来获取收益。

要明确自己的企业是否适合采用"包租公（独家代理）模式"，需要考虑以下几个关键因素：

（1）资源或优势：您的企业是否拥有某种稀缺资源或其他独特资产？这些资源是否能够为企业带来稳定的收入流？

（2）市场需求：市场对您企业所拥有的资源是否有持续的需求？需求是否足够大，以致可以支撑企业通过租赁或授权等方式获得持续的收益？

（3）竞争环境：您的企业在所处市场中是否拥有竞争优势？是否存在潜在的竞争对手，以及这些竞争对手是否可能对您的"包租公（独家代理）模式"产生影响？

（4）法律法规：您的企业是否了解并能够遵守相关的法律法规？特别是在土地使用权、知识产权保护、反垄断法等方面的规定。

（5）风险管理：作为"包租公"，您的企业需要管理租赁合同、租金收缴、物业维护等风险。您的企业是否有足够的风险管理能力和相应的内部控制机制？

实施"包租公（独家代理）模式"的企业或个人通常需要满足一系列基本条件。首先，企业需要通过市场调研和分析，了解自身的优势和劣势，这可能表现为较大的市场份额、独特的资源或服务、专利技术等，以确保其在市场上占有主导地位。基于这些信息，企业可以确定一个清晰的"包租公"角色，这个角色不仅要反映企业的核心价值和品牌形象，还要与市场需求和消费者期望相契合。其次，需要设定明确的收费标准和规则，以便其他参与者能够理解和遵守。最后，合适的地理位置、旺盛的市场需求、缺少替代品、政策支持、资本实力、人脉关系、创新能力以及风险评估与应对能力也是关键要素。只有同时具备这些条件，才能成功实施"包租公（独家代理）模式"，并在市场中保持优势地位。

为了全面评估企业资源的稀缺性和价值，需要进行一系列综合性的分析和考量。一是确定资源的独特性和稀缺性，这可能包括其物理位置、技术特性、专利、品牌知名度等因素，并分析市场上这种资源的供应量。二是深入研究市场需求，包括当前需求量和潜在增长趋势，以及需求的稳定性。三是评估企业在资源利用上的竞争优势，如成本效率、技术领先、市场占有率等，以及资源对竞争地位的影响。四是要估算资源带来的潜在收益，包括财务收益和品牌价值等。最后，要考虑与资源相关的法律保护和监管环境，以及替代品的存在可能对资源价值产生的影响，还要分析资源的可持续性，以及客户和合作伙伴对资源的依赖程度。通过这些综合性的评估，企业可以全面了解自身资源的稀缺性和价值，并据此制定相应的战略决策。

在商业森林中，"包租公（独家代理）模式"就像一棵根深叶茂的大树，它的稳固和繁盛依赖于企业所拥有的肥沃土壤（资源优势）和精心培育的根系（市场策略和法律基础）。企业作为森林的守护者，必须确保这棵树能够抵御风雨（市场波动），同时为周围的生态（消费者和合作伙伴）提供庇护和养分（价值和机会）。

总之，"包租公（独家代理）模式"的可持续性和道德性将取决于企业如何平衡自身的利益与市场的公平性。在未来，我们期待看到更多的企业能够在"包租公（独家代理）模式"中实现共赢，这样既能够保护自身的果实，也为整个生态系统的繁荣贡献了力量。通过这样的模式，企业不仅能够收获短期的利益，更能在长期的经营中，播下可持续发展的种子。

循序渐进：
设定规则与收费标准

在商业模式中，一些老板将资源分散给每一个租赁者，而老板可以"坐地生财"。这便是我们讲述的"包租公（独家代理）模式"。

模式5的第一节中已经提到"包租公（独家代理）模式"中"包租公"角色的确立，那么，想要得到不完全靠自己劳动经营而获得财富的结果，就要做好设定规则与收费标准这一环节，这是一切的前提与基础。

"包租公（独家代理）模式"中设定规则与收费标准这一环节，解释起来便是在探讨作为"包租公"（资源使用者或管理者），如何制定行业标准和规

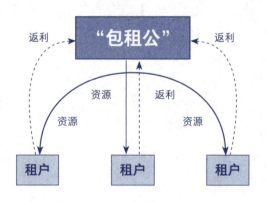

则，并对其他参与者（资源使用者、租户）设定合理的收费标准，以维护自身的市场地位和提供优质服务。这对于"包租公"来说至关重要，直接关系到他们的市场地位、盈利能力以及能否为其他参与者提供优质服务。

从维护市场秩序上来说，通过设定明确的行业标准和规则，"包租公"可以确保市场的有序竞争，避免无序竞争带来的混乱。这有助于建立稳定的行业环境，使所有参与者都能在公平条件下进行交易。而合理的规则和收费标准可以帮助"包租公"保护自己的利益，防止资源被滥用或过度消耗。通过制定相应的使用条款，"包租公"可以在租户使用资源时确保其合理、有效且可持续。这是一体两面的条款，它既能向外扩张，又能保护自己。

清晰的服务标准和收费标准有助于"包租公"提供一致且高质量的服务。这不仅能提高租户的满意度，还能增强"包租公"的市场竞争力，从而吸引更多客户。

不仅如此，前文所提到的"包租公"仅仅通过租赁资源便得到返利，所依靠的也是收费准则和标准，这是资源换取利润的核心"跳板"。东西想要换成流动的钱，外面的人想要参与进来，一个要看整体运行的规则，还有一个就要看收费的标准。没有明确的收费准则，就没有统一的、清晰的、可量化的返利标准，也不知道"游戏"的规则，这样运行起来就会漏洞百出，不但不容易获得最大化的利润，甚至还可能搞得一团糟，让参与者也心生不快，最后反倒赔钱。

因此，老板们一定要设立规则和收费标准，以此来确保收入的稳定性和可预测性。同时也有助于"包租公"进行财务规划和管理，减少经济波动带来的风险。另外，合理的收费标准也能够帮助"包租公"实现利润最大化。通过对市场进行深入分析，"包租公"可以确定租户愿意支付的最高价格，同时确保价格不会高到驱使租户寻找其他替代方案。同样地，对于前文提到的"风险管理"也是有效果的，提供规则就相当于提供了劳务合同，这两者具有同样的约束效力。

那么，接下来我们就来详细讲讲要如何建立合理合法的规则与收费标准。

1. 了解法律法规

首先，必须熟悉相关的法律法规，包括价格法、消费者权益保护法、合同法、反垄断法等，确保所有规则和收费标准符合法律要求。只有守法懂法才能走得长远，这是所有老板都必须明确的一点，也是最重要的红线，因此笔者将其放在第一点。

2. 成本分析

确立收费标准首先要考量企业运行的成本，再来决定收取多少费用，不然运行到最后，却发现自己白辛苦一场。因此成本分析是确定服务或产品定价的起点，它包括固定成本、变动成本、预期利润等。固定成本是不随生产量或服务量变化而变化的成本，如租金、设备折旧、管理人员的工资等。变动成本是随生产量或服务量的增加而增加的，如原材料、能源消耗、直接劳动力的工资等。而固定成本和变动成本之和即为总成本，将总成本除以生产量或服务量，即得到单位成本。定价要看预期利润，就是企业期望从每个产品或服务中获得的利润。企业可以在单位成本基础上加上预期的利润，得到销售价格。

成本分析帮助企业管理者了解提供产品或服务的最低价格，以确保不会亏损。同时，它也为制定利润目标和定价策略提供了依据。

3. 市场调研

"包租公"要招揽各式各样的参与者进入这一场"游戏"，就要研究市场情况，了解竞争对手的收费标准、市场平均价格、客户支付意愿等，以便了解目标用户的需求，从而制定有竞争力的价格策略。

研究市场情况，首先要了解市场的总体需求和潜在顾客的购买力。再分析研究竞争对手的定价策略、市场份额、产品或服务的特点以及顾客的需求、支付意愿和价格敏感度。顾客的价格敏感度是很重要的，如果市场调研显示顾客对价格非常敏感，企业可能需要选择低价策略来吸引顾客；如果产品或服务具有独特性，企业则可以选择高价策略来体现其价值。当然，企业还需要考虑自身的成本结构和盈利目标，确保定价策略能够覆盖成本并实现盈利。

总之，企业管理者要根据市场调研结果选择合适的定价策略，如高价策略、低价策略或差异化定价策略。

企业在制定返利标准时也要考虑市场状况、行业标准和租户类型。如果市场上的返利标准普遍较高，"包租公"便可以要求更高的返利。如果市场上的返利标准都不高，除非自家企业有格外拿得出手的运行流程和独特的产品，否则也不能将返利价格定得太高。而且，不同类型的租户也有不同的返利标准。"包租公"可以与租户进行协商，以确定双方都满意的返利标准。同时，确定返利标准应保持一定的灵活性，以适应市场变化和租户的需求。

总之，"包租公（独家代理）模式"下的企业设定规则与收费标准时，一定要统筹全局，尽量让各方都满意。

控制关键资源，
使资源租赁、利用与收益最大化

　　"包租公（独家代理）模式"允许企业或个人，控制和管理重要的资源，如土地、矿产、知识产权等，这些资源可能具有稀缺性，控制这些资源可以为企业带来稳定的收益。也就是说，关键资源是企业翻身定价的资本，是手里的最强王牌，招募过来的参与者之所以心动，想要加入成为"租户"，很大概率是冲企业手里的关键资源来的，这是关乎市场竞争力的问题，因为这些资源往往是生产其他产品和服务的必要条件。例如，拥有矿产资源的企业可以控制相关产品的生产成本，从而在市场上获得竞争优势，而控制这些资源也意味着企业可以直接从资源的开发和利用中获得收益。

　　企业管理者可以通过控制关键资源来减少对市场波动的敏感性和对自身的风险影响，因为"包租公"可以自主决定资源的使用和分配。"包租公"也可以通过控制关键资源，及时了解市场动态，并做出相应的决策。

　　因此，企业明确自身的关键资源是什么，并做好控制其关键资源的每一步，对"包租公（独家代理）模式"下的企业来说十分重要。

一、资源租赁

首先我们需要完善对"包租公（独家代理）模式"下"资源租赁"的认识，这里与其说是"租赁"，不如说是"占用""借用"或是"筹码"，这一类的词都是可以代替的。它的核心思想就是"包租公"，也就是企业核心创始人用自身拿得出手的关键资源，吸引外来"租户"使得他们参与到这一场资源租赁游戏中来，并让他们上交资金，上交的资金一部分作为现在所有的资源的重新升级以提升价值，另一部分便归"包租公"所有。对于"包租公"而言，这一部分就已经是利润了。当然，"包租公"不能白白地放着资源不动，不然那些"租户"又何必来加入呢？当然还要重新开发、充分利用其重新包装后的、价值千金的资源，无论是什么资源，如土地、矿产等，努力让它再翻上一番，再抛出去，就又能吸引一拨儿"租户"，以此循环，那么这样的企业就会依靠"包租公（独家代理）模式"越做越大，利润也像滚雪球一般滚来。

前文所提到的运作流程便是"包租公（独家代理）模式"想要盈利的真正核心流程，所以"包租公"一定要选择具有租赁、抛售和开发价值的资源，并根据资源的市场价值、稀缺性、租户的需求等因素来定价。常见的定价策略包括成本加成定价、市场导向定价、竞争导向定价等。前文已经提到要进行价格弹性分析，即评估租户对价格变化的敏感度，即价格弹性。对于价格弹性较低的资源，可以提高价格以获得更高的收益，还要考虑市场变化、政策法规变动等风险因素对资源价值和租赁价格可能产生的影响。总之，价格应该既能反映资源的价值，又能吸引租户，这样才能实现收益最大化。

当然，整个过程中可能会遇到的风险也是要被纳入考虑范围的。"包租公"需要考虑租赁过程中的风险，如租户违约、资源损坏等。解决办法可以是要求租户提供保证金，以减少违约风险。另外，还要在租赁合同中明确租赁条件，如租金支付方式、违约责任、维修责任等。

二、资源利用

在进行资源利用之前，"包租公"需要对资源进行全面的评估，包括资源的类型、质量、地理位置、市场需求等。如农业用地需要评估土壤质量、水源状况、气候条件等，别的资源也是如此，总的来说，就是要评估资源的内在价值，包括资源的稀缺性、独特性、市场需求和供给情况。另外，还要了解市场的需求情况，包括需求量、需求增长趋势、需求周期性等，确定资源的潜在租赁客户群体和市场容量。分析市场上同类资源的供给情况和竞争对手的定价策略，这有助于确定自身资源在市场中的定位和竞争力。在做好上述的评估之后，企业才能制定具体的策略，以便资源得到充分利用。

接下来便是进行资源分类和资源规划了。第一步要把目前所拥有的最好的关键资源挑出来，剩下的便是次要资源，按重要程度分类。第二步便是按照功能性质等传统意义来分类，如属于矿产的归矿产类，属于水资源的归水资源类，等等。先厘清它们各自是什么，才能方便后期的规划和发展。第三步企业便可以根据资源的特性进行合理的规划和设计，解决资源要如何利用的问题，如果传统的经营方式适应不了企业的发展需求，则可以引进或开发适合资源利用的技术，以提高资源利用效率，同时也可以提升市场竞争力。

三、收益最大化

收益最大化是"包租公（独家代理）模式"的根本目标，也是最终目标。前文提到的定价策略，就是通过合理的定价来获得较高的利润。

另外，还可以善用手头上的资源，努力实现资源价值最大化。假使现有的资源很小，我们也可以通过提升资源的使用效率和附加值，如改进技术、提高服务质量、增强品牌影响力等，来实现资源价值最大化。资源的好坏不是以大小、多少来区分的，而是看企业会不会利用，能不能让这些资源的身价更高。如果善用资源，哪怕只是小小一亩花田，也可以包装成绚丽夺目的花园，成为城市的"心脏"。还有关键的一点是，要善于发现资源，很多时候"包租公"身边围绕着许多潜在的可被挖掘的资源，这些都可以被利用起来。例如，阿里巴巴的电商平台允许商家在其平台上开设店铺，并使用阿里巴巴的物流和支付系统。阿里巴巴作为"包租公"，通过提供这个平台来获得租金、交易费和广告费。它挖掘的就是"网络页面"这一新兴的资源，之前从未有人做过，现在却在它这里做到巅峰。因此，很多时候不是资源匮乏，而是眼光不够老辣。

所以就需要我们将目光放长远一些，不要仅仅只是盯着自己手里的一亩三分地，而是要通过提供互补性服务或产品，如资源维护、技术支持、培训等，来创造额外的收入。这些都是创造收益的办法，老板们通过具体情况自行选择即可。

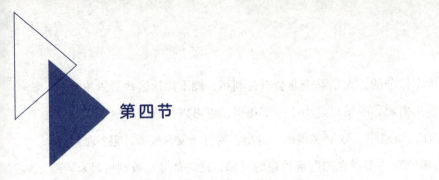

第四节

坐地生财：
资本增值与市场多元化

广义上讲，资本增值是指资产价值在一定时间内的增长。这种增长通常是由多种因素引起的，包括但不限于市场供需、经济条件、利率变化、通货膨胀、投资者情绪、资产特有价值的变化等。资本增值是投资者和资产所有者关注的重点，因为它直接关系到资产的市值和投资回报。

资本增值与资本保值相对，资本保值是指资产的价值在市场波动和通货膨胀等因素的影响下保持稳定而不贬值。在投资领域，资本增值是投资者追求的目标之一，因为它意味着资产的购买价格低于其最终销售价格，这样投资者就可以通过出售资产来获得利润。

例如，有一个投资者购买了一处房产，经过一段时间后，由于房地产市场的价格上涨，该房产的价值增加了。在这种情况下，投资者可以通过出售房产来实现资本增值。同样，投资者如果购买了股票、艺术品或其他投资性资产，这些资产的价值可能会随着时间的推移而上升，投资者也可以从中获得资本增值。

需要注意的是，资本增值并不总是简单的价格上涨。有时，资产的价值增长可能是由于市场对资产的需求增加，有时则可能是由于资产的内在价值提升，如公司业绩的改善或行业地位的提升。因此，资本增值是一个复杂的过程，需要考虑多种因素。

在"包租公（独家代理）模式"下，资本增值是指"包租公"通过控制和管理关键资源实现资产价值增长的过程，也可以说是实现企业利益最大化的重要手段。单纯的资源只是"包租公"们谋取利益的渠道，而真正推动资金流动、钱财入账的是资本的增值。"包租公"想要"坐地生财"，一般都离不开资本的增值。

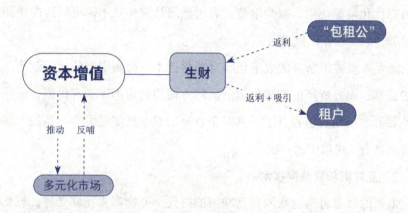

租户加入"包租公"旗下的企业后，把钱投入"包租公"名下的资源中，也相当于一种投资行为，因此租户们必然十分看重资本的增值。资本的增值相当于直接增加了资产的市场价值，为企业提供更多的收入来源，如出售资产或利用资产作为抵押品。这样也有利于提高企业的投资回报率，增强资产作为投资工具时的增值潜力。

通过以上方式还能够改善企业的财务结构，降低负债比例，提高信用评级，从而在金融市场上获得更有利的融资条件。资本增值后，企业的市场竞争力也同比上升，更多优质的客户和合作伙伴会被企业自身发展的大好前景吸引过来，这样一来，更多更好的商业机会降临，潜在收入也会随之增长。

"包租公"想要让手上的资本平稳增值，除了用传统的方法定好增值策略以外，也可以拓宽思路，采用一些新兴的实用技术来创新增值方式。

1. 数字化和自动化技术

数字化和自动化技术在"包租公（独家代理）模式"下具有重要的应用价值，它们可以提高资产的运营效率，降低维护成本，提升资产的使用价值。企业可以通过数字化和自动化技术来实现资产监控与管理，安装传感器和监控系统，实时监控资产的状态和性能。同时利用数据分析工具，对收集到的数据进行分析，以便及时发现潜在的问题并采取措施。还可以利用自动化系统自动执行维护任务，如定期检查、清洁、润滑等。例如，智能建筑管理系统可以优化能源使用，减少浪费；利用预测性维护技术，可以提前预测设备的故障，减少意外停机时间。

企业需要善用新兴的数字化和自动化技术，提高资产的运营效率，降低维护成本，提升资产的使用价值。虽然有使用价值不等于有价值，但是如果企业资源的使用价值提升了，其对于自身的成本控制是大有裨益的。成本的节省也是资本增值中的一项。

2. 互联网和物联网技术

未来的社会将是物联网和互联网的时代，万物都将互联互通，想要采用"包租公（独家代理）模式"的企业也一定要跟上时代的步伐，将新兴的技术为自己所用。互联网技术指的是计算机网络技术，而物联网技术则是一种将日常物品通过互联网联结起来的技术。物联网技术使得这些日常物品能够实现智能化，即通过互联网进行远程监控、控制和管理。其应用十分广泛，包括智能家居、智能城市、工业自动化、智能农业等多个领域。谷歌的智能家居产品，是将互联网和物联网技术运用其中，如利用智能恒温器、安全摄像头等设备，为用户提供便捷、舒适和安全的生活体验。

为什么要如此强调互联网和物联网技术？这是因为企业的发展是要依靠时机的，是要把握市场周期的，是要乘时代东风的。大数据、物联网、人工智能等就是当今的风口，随风而起的机会就隐藏其中。资本想要变现，想要增值，就无法离开这些技术，也需要抓住合适的机会。

有了强有力的资本撑腰，就有了多元化市场的底气。市场多元化的目的也是制造"坐地生钱"的机会，扩大"租户"背后潜在的市场，吸引各式各样的群体加入，这意味着参与的人和渠道、方式都在增加，那么生钱的机会也会增加。

　　"包租公"可以同时服务于商业、住宅、工业、农业等不同领域的客户，甚至开发商、投资者等，充分拓展市场和客户群体。只要你手上的资源是拿得出手的，资本的增值是让大家都满意的，便可以提供不同的产品或服务来满足不同客户群体的需求，壮大整个企业的规模和含金量。总之，资本增值和市场多元化都是为了达到"坐地生钱"的目标，而前者则是最关键的一环，是后者顺利发生的保障，当然后者的成功也可以推动前者的发展，两者相辅相成。

保驾护航：
增值服务与用户体验

　　"增值服务"的本质在于，它以满足顾客特定需求为目标，提供超出一般服务标准或采用非常规方式的服务。在零售业领域，这类服务通常表现为"差异化服务"，即在确保服务品质的基础上，再提供额外的个性化服务。例如，在完成店内基本服务之后，商家可能会提供会员专享服务、家居送货、节日贺卡赠送、试衣间内配备小梳子与拖鞋等增值服务。

　　由于"增值服务"提供的是前瞻性和定制化的服务体验，一旦大多数服务提供者开始采纳这些服务，它们往往会转变为常规的服务环节，从而失去了原本的"增值"属性。例如，当所有商家都提供送货上门服务时，这种服务就不再被视为增值服务，而是成了标准的服务流程之一。

有一个简单的例子就可以很好地解释增值服务的本质。在一家小型精品服装店里，店主小杨观察到，许多顾客在挑选衣物时，常常因为搭配问题而犹豫不决。于是，小杨决定推出一项新的增值服务——时尚搭配建议。他聘请了一位资深时尚顾问，为顾客提供专业的搭配建议，帮助他们解决穿搭的难题。

　　这项服务一经推出，立刻受到了顾客的热烈欢迎。顾客们纷纷赞叹小杨的贴心服务，认为这项增值服务极大地提升了他们的购物体验。同时，小杨的店铺也因此吸引了更多追求个性化的年轻消费者，生意越来越红火。然而，小杨并没有满足于此。他发现，许多顾客在购买衣物后，仍然面临着如何保养衣物的困扰。于是，他决定再次升级增值服务，为顾客提供专业的衣物护理建议。他邀请了一位资深洗衣专家，定期在店内举办衣物护理讲座，教授顾客如何正确清洗、收纳和保养衣物。

　　这项服务让顾客感受到了小杨的用心，他们纷纷将小杨的店铺推荐给亲朋好友。随着时间的推移，小杨的店铺在竞争激烈的零售市场中脱颖而出。

　　企业通过提供增值服务来展现其强大的竞争力，这是它们与小企业区分开来的关键特征。增值服务是在基础服务之上得以实现的。例如，丰田汽车公司承诺在一周内交付汽车，这为客户提供了其他竞争对手难以匹敌的额外价值。增值服务的本质在于，在提供标准服务的同时，能够超越顾客的期望，为客户提供额外的利益和卓越服务，这也成为企业的一大亮点。

　　在"包租公（独家代理）模式"下提供增值服务，有两个核心要素，一是"价值创造"，二是"激励相容"。

　　价值创造：增值服务应当真正为租户创造额外的价值，比如通过提供更好的市场接入，帮助企业客户进入新市场或扩大市场份额、客户服务、技术支持等。

　　激励相容：激励相容是指平台设计的规则和机制能够使租户在追求自身利益的同时，也符合平台的整体利益。这意味着平台需要创建一种环境，使得租户有动力遵守规则，积极参与平台活动，并为平台生态系统的繁荣做出贡献。增值服务应当设计成能够激励租户积极参与，而不是仅仅作为额外的负担。例如：①公平的收益分享：平台应该提供一种收益分配机制，确保租户感到他们的努力和投资能够得到合理的回报。②成长和成功的机会：平台应该为租户提供成长和成功的机会，比如通过提供市场准入、资源支持等方式，帮助租户扩大业务。③透明的评价和反馈系统：建立一个公正的评价体系，让租户能够根据平台规则和用户反馈改进自己的产品和服务。

电子游戏数字发行平台（Steam）由维尔福软件公司（Valve Corporation）运营，是全球最大的数字游戏发行平台之一，是集游戏购买、社交和评测于一体的强大客户端。Steam 这个几乎只服务于 PC 游戏的发行平台，安然享受着 30% 的高额抽成，成为世界上大部分地区相关业务的垄断者。据估算，2022 年上半年 Steam 收入就有 31 亿美元。近年来，那些避开 Steam、想自建平台的大厂，如育碧、EA 乃至动视暴雪都纷纷回归 Steam 的怀抱，在被游戏平台（Epic）独占并针锋相对的这几年里，Steam 的用户还在增长。

为什么各大厂纷纷选择 Steam 呢？那是因为 Steam 已经建立了一个完整的生态系统，为游戏开发商提供了远超游戏发行平台基础价值的增值服务。这种完整性使得用户在多个方面都依赖于它的平台或产品，从而提高了用户黏性，让竞争对手难以进入。

（1）广泛的用户基础：Steam 提供了一个拥有数百万活跃用户的巨大市场，这对于游戏开发者来说是一个极具吸引力的分发渠道。

（2）销售和促销活动：Steam 定期举办销售和促销活动，如夏季和冬季大促，吸引了大量玩家购买游戏，同时也为游戏开发者带来了显著的收入。

（3）营销和推广支持：Steam 提供了多种营销工具和推广机会，如 Steam 商店的推荐位、专题活动、社区论坛等，这些都有助于游戏厂商推广自己的游戏。

（4）全球市场接入：Steam 是一个国际平台，游戏厂商可以通过 Steam 轻松地将游戏销售到全球市场，这对于想要扩大国际影响力的厂商来说是一个巨大的优势。

在"包租公（独家代理）模式"下，增值服务的成功是提升资产吸引力的关键策略。通过提供超出租户期望的服务，企业能够增加他们的满意度和忠诚度，从而提高竞争力和市场份额。未来，随着科技的进步和消费者行为的变化，增值服务的形式和内容将继续演变，但其所承载的核心价值——超越期望，创造愉悦的用户体验——将始终不变。

模式 6

会员 + 合伙人

第一节

共享共荣：
"会员＋合伙人"模式概述

"会员＋合伙人"模式，简单来说，就是一种让顾客变成"销售员"或者"推广员"的方式。这种模式的核心在于，当顾客在一家店铺或一个平台上消费并成为会员后，他们就有机会通过自己的社交网络和人脉资源，为这家店铺或平台吸引新的顾客。同时，会员就有机会获得各种额外的奖励，如优惠券、现金返利、积分等，作为对他们贡献的认可和回报。相比于传统的商业模式，"会员＋合伙人"模式更加注重消费者的参与和价值。它认识到消费者不仅仅是产品和服务的接受者，更是品牌和平台的潜在推广者。这种模式通过赋予消费者更多的角色和责任，激发了消费者的积极性和创造力，使他们更加愿意付出时间和精力去经营和管理自己的"小生意"，从而实现平台与消费者的双赢。

举个例子，假设你是一家网上服装店的会员，这家店有一个合伙人计划，当你把这家店推荐给你的朋友后，他们通过你的推荐链接购买了一件衣服。作为推荐人，你就可能会得到一些积分或者现金返利作为奖励。这就是"会员＋合伙人"模式的一个简单应用。

这种模式对商家来说，可以快速增加新顾客，扩大销售；对会员来说，则可以通过推广而获得一些额外的收益。通过这种方式，商家和会员之间的利益得到了很好的捆绑，从而形成了一种良性循环。

这种模式的核心是裂变营销。所谓的裂变式营销，正如细胞分裂般，由起初的一个单位迅速增殖至无数。这种营销手段，主要是在传统零售促销的基础上，依靠消费者的自发传播，于社交网络中持续扩散，它起初可能是一两个消费者，随后会迅速扩展至数千甚至数万。裂变式营销起初需依托一批基础用户群体，借助他们的传播，来吸引更多的用户加入，然后这一过程被不断复制。其特点在于分裂的过程由少集多，速度由缓至疾，循序渐进，最终实现裂变式推广的目标。

1. 分享裂变

分享裂变的机制相对简易且易于实施，其基本原理是用户在分享之后能够获得产品或服务作为回报。在社群、朋友圈或公众号中，分享裂变尤为普遍，商家通常会通过提供某种福利来激励用户主动进行分享，以此吸引更多人的关注。

2. 分销裂变

分销式的裂变推广通常采用佣金激励机制，鼓励会员转变为推广者，这是会员分销裂变的一种典型做法。具体的做法是，会员通过分享专属的二维码，引导新客户扫描并注册成为会员；当这些新会员在微商城或实体店内进行消费时，原会员便能获得相应的佣金；原会员将从新会员的消费中抽取一定比例的金额作为提成，并直接存入其会员账户的储值余额内。

3. 口碑裂变

通过用户体验的传播，即口碑裂变，其发生在用户对某一产品感到满意，并认为其使用体验极佳的时候。在这种情况下，用户往往愿意向朋友和家人推荐该产品，进而在其社交网络中形成良好的口碑。这种传播方式不仅效果显著，而且成本几乎为零，能够有效地吸引大量新用户。

以裂变营销中的分销裂变为基础，"会员＋合伙人"模式在此条件上对其进行了进一步的深化和扩展。"会员＋合伙人"模式不仅保留了分销裂变中客户邀请新客户的激励机制，还增加了会员体系的构建，它主要是通过会员等级和权益的设定，增加了客户的黏性和忠诚度。

（1）会员制：企业通过设置不同级别的会员（如创始会员、普通会员等），为会员提供不同的权益和优惠。这种分级制度通常是基于会员的消费额度、购买频率或其他特定条件进行的。

（2）推广奖励：会员通过分享推广链接、推荐新客户等方式为企业带来新客户或销售额，从而获得佣金、积分或其他形式的奖励。

（3）多级返佣：会员通过满足一定的消费额度、推荐新会员数量或其他条件来晋升到更高层级。会员不仅可以从自己的销售和推广中获得佣金，还可以从下属会员或合伙人（即他们所招募的会员）的销售中获得一定比例的佣金。

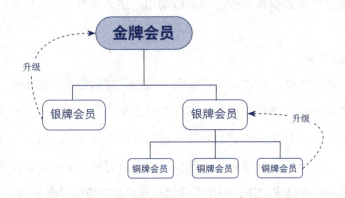

（4）社交新零售：这种模式通常结合社交媒体和数字化工具，利用线上平台和线下活动来增强会员的参与度和忠诚度。它巧妙地将社交媒体的强大互动性和数字化工具的高效便捷性相结合，打破了传统零售在时间和空间上的限制。

（5）内容电商和体验营销：通过高质量的内容和体验式营销活动，企业旨在提升会员的社交质量和圈层价值，从而促进其对销售和品牌的忠诚度。

其中，多级返佣是该模式的核心。就像你在一家店里买了东西，不仅自己享受到了优惠，还能把这份优惠分享给你的朋友，让他们也来这家店买东西。当你邀请的朋友买了东西后，不仅自己能享受到一定的优惠，店主还会额外给你一些奖励，因为是你推荐了他们。

但是，这还没完。如果你推荐的朋友再推荐其他朋友来这家店买东西后，店主还会再给你一些奖励。这样一层一层地推荐，店主就会给你多级的返佣奖励。这就是多级返佣，这种推广模式旨在鼓励你通过分享和推荐，帮助店主吸引更多的新顾客，从而实现店主和你的双赢。

综上所述，"会员＋合伙人"模式是一种综合性的营销策略，它结合了会员制度、合伙人计划、裂变分销和社交新零售等多个方面，形成了一个全方位、多层次的市场推广体系，旨在通过激励会员积极参与推广和销售，实现企业和会员的共同成长。然而，这种模式需要合理的设计和有效的管理，以确保其合规性和可持续性。

策划精要：
设计原则与策略

　　"会员＋合伙人"模式，无疑是当下裂变最快的一种模式。在这种模式下，企业往往是通过发展会员和合伙人，即通过会员拉拢新的合伙人入股，来不断地扩大客户基础，借此手段来提高销售额和市场份额。

　　这种模式下的企业裂变速度是最快的，其变现模式依靠的主要也是裂变。那么，什么是裂变？裂变的原意是分裂，像细胞由一个变两个，两个变四个，能够呈现指数级的增长。将其运用到商业上，裂变则是指一种营销策略，即利用现有客户的社交网络来吸引新客户。这种策略通常是鼓励满意的客户向他们的朋友、家人和同事推荐某个产品、服务或品牌。商业上裂变的核心思想是通过口碑和人际关系网络来扩大客户基础，提高品牌知名度和市场份额。

　　目前市场上的商业裂变模式中，做得比较成功的，是拼多多的"砍一刀"活动。这个活动是用户在浏览页面时会得到一些现金奖励，但达到一定数额后便难以增长，此时平台便会鼓励用户邀请朋友和家人参与，以此来获得更多的奖励。被邀请的新用户注册拼多多能够获得新人首单红利，邀请别人的老用户也可以用优惠价格买下商品，拼多多平台的用户也得到了增长。这样，三方都得到了便利和优惠。吃到了甜头的新用户与老用户便会产生一些上瘾性行为，即为了再次得到这个奖励，就会不停地拉用户进入这个生态圈。就这样，拼多多借助"砍一刀"活动，通过庞大的互联网和社交网络的分享和传播，迅速增加了用户基数和订单量。

拼多多商业裂变的成功不仅依靠其活动的创意，还依靠其整个流量留存和变现的生态系统。这个系统包括了对用户行为的深入理解，以及如何通过不同的活动促进用户的参与和转化。

很多平台都效仿拼多多做这种"砍一刀"的活动，但是都没有拼多多成功，究其根本，它们都没有学会拼多多拿捏用户最本质心理的本领和流量留存的方式，也没有学会裂变最根本的套路。拼多多是以商品低廉，服务便利出圈的，同样地，它也不断地在以小额优惠留住用户。普通的购买页面或许并非为低消费人群量身定制，"砍一刀"活动则是精准地抓住了普通大众能省就省、追求物美价廉的心理。邀请新用户来帮其"砍一刀"，同时平台也会给予新用户一些刺激，新用户也因此邀请另一个新用户来帮忙，再这样不断延伸下去，由一个节点向外不间断地拓展，就形成了最高明的裂变。除了这样一条帮助链之外，拼多多还在页面上设计了许多"挽留弹窗"，每当用户想要放弃之时，就会出现给予小额优惠的弹窗，让用户认为自己下一步就能成功。并且，拼多多"砍一刀"页面的许多选项都是引导性的，它会把平台想让用户做的选项进行标红标大，以此对用户造成强烈的心理暗示。

总之，拼多多裂变的成功，是非常值得实行"会员＋合伙人"模式下的企业进行学习的。无论什么产品，什么行业，只要学习到其真谛，便非常容易实现呈指数增长的裂变，从而走向成功。

因此，在学习其成功模式的同时，我们也要考虑到其模式的可持续性、有效性和吸引力优势，并为"会员＋合伙人"模式设定一些更为普适的原则与策略。

1. 多层次激励机制

为了吸引和留住会员和合伙人，企业需要设计多层次的激励结构。这包括直接奖励、等级奖励、销售佣金、团队业绩奖励等。直接奖励可以是现金奖励或积分奖励，以激励会员和合伙人积极推荐新会员或合伙人。等级奖励则根据推荐的会员或合伙人的数量，提供不同等级的奖励。销售佣金则根据销售额提供一定比例的佣金，以激励会员和合伙人增加销售。团队业绩奖励则针对团队整体业绩提供奖励，以鼓励团队合作和共同成长。

2. 社交分享竞赛

举办社交分享竞赛，鼓励会员和合伙人通过社交媒体分享品牌信息或推广链接，并为他们提供奖励，如免费产品、优惠券等。

3. 推荐奖励计划

为成功推荐新会员或合伙人的现有会员或合伙人提供奖励，如现金奖励、折扣、积分等。这可以激励他们积极进行推广和扩大团队。

4. 专属折扣码

为会员和合伙人提供专属折扣码，使得他们可以将这些折扣码分享给各自的社交网络，从而吸引新客户并获得销售佣金。

5. 简单易行的推广工具

需要提供简单易行的推广工具，如专属推荐链接、二维码、社交媒体分享按钮等，使会员和合伙人能够轻松地将推广信息分享给他们的社交网络。

6. 会员和合伙人专属活动

定期举办会员和合伙人专属活动，如线下聚会、线上研讨会等，提供专门的培训、资源和支持，帮助他们提高推广和销售技能。

7. 用户生成内容

鼓励会员和合伙人分享他们的使用体验、评价和推荐，通过用户生成内容来吸引新客户，并提供奖励，如免费产品、优惠券等。

8. 联合营销活动

与其他品牌或合作伙伴合作，共同举办联合营销活动，扩大推广范围和影响力，同时为会员和合伙人提供更多资源和支持。

9．荣誉称号和社交认可

为业绩优秀的会员和合伙人颁发荣誉称号，如"年度最佳合伙人""销售冠军"等。在社交媒体和公司平台上宣传优秀会员和合伙人的事迹，提供社交认可和曝光机会。

通过实施这些具体的裂变策略，企业可以激励会员和合伙人积极推广和扩大团队，从而实现快速裂变和增长。为达到这个目的，重要的是要根据目标受众和市场需求，选择适合的裂变策略，并对其进行持续优化和调整，以保持其有效性和吸引力。

第三节

数字助力：
技术支持与工具

在上一节里，我们初步介绍了一些针对"会员+合伙人"模式的裂变策略，本节我们将引入数字助力的概念。因为许多新兴的技术和工具都可以为"会员+合伙人"模式提供强大的支持，对增强其效果和效率有显著的功效。

以上一节提到的推广工具为例，比如拼多多将分享的链接隐藏在每个页面，引导用户分享给他们的家人、朋友，链接的打开方式也十分便捷，只需复制便能跳转打开，不需要开启多个页面。拼多多这个平台将新技术运用得很好。因此，企业要学会利用新兴的数字技术，这对提高效率、精准度和个性化，让企业实现更有效的营销有很大的帮助。

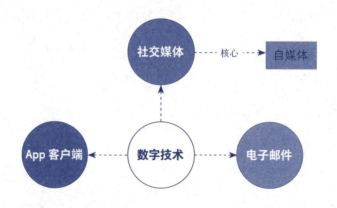

数字技术在裂变策略中发挥着至关重要的作用，它们能够增强推广活动的效果，提高转化率，并促进更广泛的社会传播。笔者在此将分几点来讲述一些数字技术作用于裂变策略的方式。

一、社交媒体和网络平台

现代人都热衷于使用各类社交媒体和网络平台，如微信、微博、小红书、抖音、快手、脸书（Facebook）、照片墙（Instagram）等，这些平台每天都有大量的流量和热度。企业想要做推广，这些平台无论如何都是不应被忽视的。企业可以直接利用这些社交媒体平台进行会员和合伙人的招募、推广和交流，而社交媒体的广泛覆盖和互动性可以迅速扩大品牌的影响力。

企业可以利用社交媒体的广泛覆盖和用户基础，设计像病毒传播一般有潜力的内容，如挑战、竞赛、有趣的故事或互动游戏。或是，设置社交媒体分享机制，就像拼多多那样鼓励用户分享活动信息，并通过社交网络迅速传播；还可以鼓励用户分享他们的使用体验，并评价和推荐，就像盛行的诸如"好评返现"活动，应提供奖励给最佳的用户生成内容，如小额的现金奖励、折扣或特权服务。

推荐企业至少创建一个自媒体账号。现代网络中流量分散，自媒体异军突起，"会员＋合伙人"模式下的企业，要想推广，想要新的会员，想要裂变成功，首先是要把自己包装好，再隆重推广出去，最重要的是被尽可能多的受众群体看到。如果兢兢业业营业了半天，却无一人认得这家企业，那么就很难开启裂变模式。

自媒体在社交媒体裂变推广中扮演着重要角色，它们通过内容创造和社区管理来吸引和保持用户的注意力，进而推动信息的快速传播。

那么，如何才能打造一个能吸引人的自媒体呢？首先，要有高质量内容，比如提供一些有价值、有趣、相关的内容，吸引用户关注和分享。值得注意的是，内容一定是与企业分析筛选过后留下的受众群体与潜在受众群体有关的。只有这样，才能精确地吸引到特定的受众。其次，自媒体账号要定期发布有趣的内容，如问答、投票、话题讨论等，鼓励用户参与和分享，提高社交媒体的互动性和参与度。最后，也可以创建社交媒体群组或社区，让用户可以直接分享和交流，从而逐步扩大整个群体。总而言之，以上工作都是为了让自己的企业能够得到更多的曝光，能够"出圈"，进而招募到更多的会员。

二、电子邮件营销

如果说社交媒体针对的人群其实还有些"泛泛"，可能会吸引来一些本不精准的受众群体，那么电子邮件营销则是一种直接向目标受众发送营销信息的策略，这种策略主要用于提高品牌知名度，以促进销售和增强客户关系。

企业可以通过电子邮件营销平台和客户关系管理（Customer Relationship Management，简称 CRM）系统收集和分析客户数据，以确定目标受众。利用这些数据，企业可以定位最有可能转化为客户的受众，并制定相应的营销策略。根据目标受众的兴趣和需求，企业可以定制个性化的电子邮件内容，以提高其转化率。

因此，企业要充分利用 AI 和数据分析工具，分析用户行为和偏好，从而为用户提供更加吸引人的电子邮件内容，并鼓励用户分享给他们的联系人，以扩大其传播范围。

相比网络平台，邮件比较便捷的一点是可以设置自动化的工作流程，如欢迎邮件、跟进提醒和特别优惠，这可以辅助企业处理和会员用户的关系。会员一旦选择订购该企业的邮件，邮箱就会定期自动发送定制的电子邮件，并根据会员选择的服务调整邮件内容，比如生日快乐、节日快乐等，并适当地为会员提供一些福利。

电子邮件是一个相对来说比较高效、有针对性的营销平台，不过企业还是要根据自身具体情况和目标来选择适合的电子邮件营销平台和工具，并对其进行持续优化和调整，以保持其有效性和吸引力。

三、移动应用程序

移动应用程序，也就是 App，这个比起自媒体来说更为重要，因此企业要予以特别的重视。也就是说，如果企业要做自媒体，就一定要有移动应用程序。当然，如果不考虑做线上内容，则可以酌情考虑是否使用移动应用程序。但是，在如今这个时代，想要运用"会员＋合伙人模式"的企业，最好还是采用"线上＋线下"相结合的方式来运营。

移动应用程序提供了一个直观、易用的界面，让用户能够轻松地访问产品、服务或会员权益。通过优化设计、导航和功能，应用程序可以提供流畅的用户体验，增加用户留存和参与度。

应用程序可以提供个性化的推荐和定制内容，根据用户的行为和偏好进行展示。由于企业自己的移动应用程序自由度更高，可以集社交媒体功能、游戏化元素或社区论坛为一体，通过多元的模式促进用户之间的互动和参与。另外，应用程序可以提供独家优惠、会员特权和个性化服务，以增强用户的参与和忠诚度。通过应用程序内的积分系统、会员等级和奖励机制，可以激励用户更频繁地使用应用程序并将其推荐给他人。

当然，这些移动应用程序、电子邮件营销、社交媒体和其他营销渠道其实不必分开进行考量，因为它们可以形成一个统一的营销生态系统。只有通过多渠道整合，为用户提供更一致的体验，才能利用不同渠道的优势来实现更全面的营销目标。可见，方法永远是多样的，但目的永远是唯一的。

合规经营：
构建合法模式

从上述内容不难看出，参与的用户想要获取更多的收益奖励，只有通过团队体制内源源不断地拉人头，才能从中获取不等额的级差奖。那么，如此操作是否合规合法？读者之所以会产生这样的疑问，实际上是因为这种模式与传销之间存在一定的相似之处，因为二者都是依赖于裂变分销来扩大销售网络的。在这两种模式中，会员会被鼓励通过分享推广链接、推荐新客户等方式来扩大他们的销售网络，从而形成裂变效应。通过裂变分销，初始会员可以通过他们的社交网络或个人联系推广产品或服务，进而吸引更多的会员加入销售网络，从而实现销售增长和销售范围的扩大。

但首先我们要明确的是，"会员 + 合伙人"模式肯定不是传销。为什么？主要有以下几个方面的原因。

1. 层级关系

裂变式营销：是在三级分销的基础上建立的，通常实行两级或三级的层次结构。分销商的业绩等级越高，他们能够获取的佣金比例也越大。

传销：传销组织分为多个层级，即成员所处的层级越高，他们能够获得的收益也越丰厚。

2．产品或服务的本质

裂变营销：以真实的产品或服务为基础，用户通过使用产品或服务后，自愿分享给他人，从而实现自然增长。

传销：往往没有真实的产品或服务，或者产品和服务与实际价值严重不符，主要依靠拉人头和收取入门费来维持其运作。

3．激励机制

裂变营销：激励机制通常与用户的行为和推广效果相关，如销售业绩、用户增长等。

传销：激励机制往往与招募新成员的数量和层级有关，而并非与实际销售业绩挂钩。

4．会员费用

裂变式营销：其核心目标在于招募更多的分销合作伙伴，准入门槛相对较低。例如，只需完成商品购买，消费者便能够转化为分销商，而无须支付额外的费用。

传销：依赖于收取高额的入会费用来维持其组织的运作。传销网络中的上级成员通过招募新成员并收取会员费来获取利益，而这一过程并不涉及实际商品的交易。

《禁止传销条例》第二条规定：本条例所称传销，是指组织者或者经营者发展人员，通过对被发展人员以其直接或者间接发展的人员数量或者销售业绩为依据计算和给付报酬，或者要求被发展人员以交纳一定费用为条件取得加入资格等方式牟取非法利益，扰乱经济秩序，影响社会稳定的行为。

在传销领域有一个非常著名的"1040工程"，它在2007—2015年的南宁、武汉、合肥、贵阳等城市极为流行。其做法是，参与者首先要缴纳69800元作为入会费用，此后便可以发展下线，当他的团队扩展至29人时，便可晋升为老总，从此开始每月领取"薪水"，当总额达到1040万元时，参与者将离开这个体系。

被誉为中国"民间反传销第一人"的李旭指出，传销实际上就是一种"庞氏骗局"，即利用新投资者的资金向早期投资者支付利息和短期回报，通过营造虚假的盈利表象来吸引更多的投资者。

2012年，江西破获了一起名为"精彩生活"的传销案件。在这起传销案件中，犯罪团伙首先建立了"太平洋直购"网站，以"返利购物"的模式吸引了690万会员，并收取了将近38亿元的保证金。与此同时，浙江的"万家购物"传销组织也以电子商务为幌子，招募了近200万会员，其涉案金额高达240.45亿元。

传销活动破坏了正常的经济秩序和社会稳定，损害了消费者的权益，对市场经济的健康发展造成了负面影响。如果"会员＋合伙人"模式设计不当或管理不善，也会有演变成传销的风险。为防范该模式误入传销的歧途，需要企业确保其合规、健康地经营。具体而言，应注意以下几点。

1. 产品或服务导向

确保"会员＋合伙人"模式合规的核心，是推广和销售实际的产品或服务，确保所推广或销售的产品或服务具有真实的市场需求，并且能够为消费者提供实际的价值和福利，而不是单纯依赖招募新会员来获得奖励。如果一个模式是要求会员支付费用来加入，并且其主要收入来源于招募新会员的入门费，而不是通过销售实际产品或服务来获得收入，那么这种模式很可能就是传销。例如，一些公司可能要求新会员支付高额的加入费用，并提供高额的佣金作为招募新会员的奖励，而不是基于其实际的销售业绩。由此可见，判断一个企业的营销模式是否合规，其产品或服务应该是计划的重点，奖励和佣金也应该是基于其实际的销售业绩。

2．透明度

企业应将"会员＋合伙人"模式的规则、条款和条件公开在官方网站上，并确保这些信息易于访问者理解，包括加入条件、奖励结构、终止政策等；还要公开会员可以从销售中获得的佣金比例，并明确说明如何计算和支付佣金，确保会员了解他们可以从销售中获得的奖励和利益。

3．避免无限制层级

设定一个合理的层级结构，避免设置过多的层级或无限层级，这样就可以防止网络过度扩张。控制层级深度，能够确保奖励和佣金的分配是基于实际的销售贡献，而不是单纯依赖层级扩张。而传销则不同，它通常具有无限层级的结构，使得早期加入者可以从下线会员的活动中获得佣金，而不必亲自参与销售。

4．不强制囤货

企业不应要求会员为了获得奖励而购买大量产品或服务，这种做法会迫使会员为了获得奖励而囤积产品，而不是基于市场需求进行销售。所以要避免强制性的购买要求，确保会员的购买是基于其实际需求和销售潜力。

5．不夸大收入预期

企业应避免夸大或虚假地宣传会员可能获得的收入，要为会员提供真实和合理的收入预期，确保会员对其可能获得的奖励有清晰的了解。另外，要避免误导潜在会员，比如让他们相信可以通过简单的加入和招募新会员就能够实现快速致富。

为了避免"会员＋合伙人"模式演变成传销模式，企业就必须严格遵守法律法规，保持其足够的透明度，确保产品的实质和销售的核心地位。同时，合理的层级设计、公平的奖励机制和有效的监管措施也非常重要。只有这样，"会员＋合伙人"模式才能真正发挥其优势，从而实现企业和会员的共同成长。

实例点金:
案例分析与实践启示

　　"会员＋合伙人"模式作为一种有效的策略,已经被广泛应用于不同行业。从零售连锁到在线电商,从餐饮业到服务业,各行各业都在通过实施"会员＋合伙人"模式来激发员工的积极性、提高顾客的忠诚度,并实现业务的持续增长。这一章节将通过实际案例来展示这一模式的优势和潜在风险,并提供实用的指导,帮助读者在自己的业务中成功地实施这种模式。

一、不同行业实施"会员＋合伙人"模式的特点

1. 零售行业

　　特点:零售行业通常注重品牌忠诚度和重复购买率。"会员＋合伙人"模式可以通过提供折扣、积分返利或独家产品来吸引和留住顾客。

2. SaaS 行业

　　特点:SaaS 公司通常依赖长期订阅和客户满意度。"会员＋合伙人"模式可以鼓励现有客户推荐新用户,从而增加市场份额。

3．电子商务

特点：电子商务企业通常面临激烈的市场竞争和价格战。"会员＋合伙人"模式可以帮助企业拥有忠实的客户群体，并通过口碑营销来吸引新客户。

4．健康和健身行业

特点：健康和健身行业依赖于会员的持续参与和满意度。"会员＋合伙人"模式可以通过提供奖励来激励会员保持活跃并推荐新会员。

二、不同行业实施"会员＋合伙人"模式的案例

1．喜家德

喜家德水饺采用了"35820"店长裂变机制，它主要是通过股权激励和师徒制，将店长培养成合伙人，从而提高员工的工作积极性和忠诚度。这种模式不仅提高了员工的工作积极性，而且降低了优秀店经理的流失率，使得员工更加有动力地参与门店的经营和拓展。

核心：结合员工特点和需求设计激励措施，应考虑股权激励和师徒制，提高员工的参与度和忠诚度。

2．趣头条

趣头条的裂变营销策略侧重于通过现金奖励激励用户邀请新用户。用户可以通过微信、QQ等社交平台邀请朋友注册趣头条，每成功邀请一位新用户，邀请者就能获得现金奖励。这种直接的经济激励迅速吸引了大量用户，并帮助趣头条在竞争激烈的新闻聚合市场中获得了显著的市场份额。

核心：通过现金奖励的方式可以吸引更多的用户，但需注意控制成本和警惕存在的风险。

3．慧优米

慧优米的主要做法是，消费者仅需支付588元购买特定商品，就能立即

成为商城的合伙人，并收到一份商城的礼品。合伙人还能从平台每日的营业额中获得奖励，最低额度为 7.5 元，而且每日的奖励额没有上限。合伙人的等级越高，直接分享所获得的奖励也就越丰厚。

核心：设计有吸引力的奖励机制，例如积分、返利等机制，以吸引消费者成为合伙人。但需避免过于复杂的等级制度，确保用户能够轻松理解这种奖励机制并参与其中。

三、关键成功因素

1. 低门槛

"会员 + 合伙人"模式通常允许任何人免费加入，甚至可能不需要任何初始投资。会员可以通过简单的推荐或销售行为开始赚取奖励，而无须复杂的培训或专业知识。这样的低门槛设计，使得更多的人能够参与进来，从而扩大了品牌的影响力和市场份额。

2. 累计销售

会员可以通过持续的努力和销售业绩的累积来获得更高级别的奖励，从而形成长期激励机制。这种晋级制度，让参与者有机会随着时间的推移来不断提升自己的地位和权益，激发了他们的参与积极性。

3. 多重奖励

多重奖励制度，就是会员可以通过不同的方式获得奖励，包括育成奖励、分红收益、豪车奖和家庭补贴等。这些奖励旨在激励参与者积极推广产品，从而获得更多的奖励和收益，由此也扩大了产品的市场份额。这种奖励制度的设计，有效地激发了参与者的热情和动力。

四、实践启示

简单明了的参与流程：应确保会员参与合伙人计划的流程简单明了，避免复杂的注册流程或多步骤的参与程序。

灵活的参与级别：设计不同级别的参与计划，可以让会员根据自己的能力和意愿选择合适的参与级别。这样既可以满足不同会员的需求，也可以逐步引导会员提高其参与度。

长期与短期激励相结合：企业通过设计一些短期激励措施，如限时优惠、快速返利等，能够迅速吸引会员的注意。同时，也要有长期的激励措施，如累积积分、长期合作关系等，这样就可以促使会员持续参与。

模式 7

大B + 小b + C裂变

模式解析：
构建全方位市场覆盖策略

张某经营着一家环保清洁产品公司，面对激烈的市场竞争，他采取了一种有效的营销策略来提升销量。

这一策略就是关注小型企业和零售商，与他们建立合作关系，为其提供优惠的批发价格和产品培训。随着时间的推移，当小型企业和零售商逐渐稳定下来后，就成为他的忠实客户。

随着产品口碑的提升，张某开始将注意力转向消费者。他发起了一项推荐计划，鼓励现有客户向亲朋好友推荐自家的产品。为了激励消费者参与，他承诺消费者每推荐一位新客户，推荐人和新客户都能获得相应的折扣优惠。

这一策略在实施后便迅速奏效，消费者的数量实现了稳步增长。同时，大型企业也开始关注张某的公司。一家大型连锁酒店集团对张某的环保清洁剂表现出兴趣，并最终决定在旗下所有酒店使用他们公司的产品。这次与大型企业的合作极大地提升了张某公司的品牌知名度，同时也为张某带来了稳定的大宗订单。小型企业和消费者的持续支持，加上大型企业的强力背书，使得他的公司在环保清洁产品市场中占据了一席之地。

张某运用的这一营销策略，便是大 B+ 小 b+C 裂变的模式。他通过与小型企业、零售商的合作，以及消费者的推荐，实现了市场的快速增长。

大 B+ 小 b+C 裂变模式通过不同的用户群体的传播和推广，实现了快速增长和扩大市场份额的目标。在这个模式中，将用户分为三个主要类别。

（1）大 B（Big Business）：指的是大型的企业用户或客户，他们通常有较高的消费能力和较大的业务需求，会作为合作伙伴帮助推广和销售。这类用户对于产品或服务的稳定性和质量有较高的要求。

（2）小 b（Small business）：这里指的是小型企业或个人经销商，他们可能会购买较少量的产品来转售，或者通过推荐和推广来赚取佣金。相对于大 B 用户来说，小 b 的规模较小，但数量庞大。这类用户可能更加注重性价比和产品的灵活性。

（3）C（Consumer）：指的是普通消费者，这类用户数量庞大，他们的消费能力和需求相对分散。

大 B+ 小 b+C 裂变营销的核心理念是利用这三个用户群体的特点和优势，通过他们之间的互动和传播，实现产品和服务的快速推广。例如，大 B 用户可以为企业提供稳定的收入和品牌背书，小 b 用户可以帮助企业拓展市场和增加用户黏性，而 C 用户则可以通过口碑传播等方式帮助企业扩大影响力。

在明确了这三类用户的特点和作用后，企业可以采取一系列有针对性的策略来进一步推动这一过程。对于大 B 用户，企业可以通过提供定制化的解决方案和优质的服务来确保他们的忠诚度和满意度，从而为企业带来稳定的收入和增强其品牌影响力。对于小 b 用户，企业则需要通过提供有竞争力的价格和灵活的产品组合来吸引他们的注意，利用他们庞大的数量和地方性的网络来拓展市场。至于 C 用户，企业可以通过社交媒体、口碑营销等手段来激发他们的参与和传播，利用他们庞大的基数来提升产品的知名度和市场份额。通过这样的策略部署，企业可以最大化地利用大 B+ 小 b+C 裂变营销模式，实现用户的快速增长和市场份额的扩大。

总之，大 B+ 小 b+C 裂变营销是一种通过不同用户群体之间的互动和传播来实现快速增长的营销策略。企业需要根据不同用户群体的特点和需求，制定有针对性的策略，以实现最佳的市场推广效果。

此外，为了有效实施大 B+ 小 b+C 裂变营销策略，企业需要遵循三端服务的顺序，在此将为读者提供一个可供参考的服务顺序样式。

（1）建立小 b 基础：首先，企业需要寻找小型企业或个人经销商（小 b）来建立销售网络。这些小 b 可以快速响应市场，并且相对容易管理。通过与小 b 建立合作关系，企业可以测试市场反应，收集用户反馈，并逐步优化其产品和服务。

（2）吸引 C 端消费者：一旦建立了小 b 基础，企业可以将注意力转向最终消费者（C）。通过小 b 的销售和推广活动，企业可以吸引 C 端消费者购买产品或服务。这可以通过各种营销策略实现，如折扣、促销活动或口碑营销。

（3）争取大 B 客户：当企业已经在市场上有了一定的知名度和信誉后，就可以开始争取大型企业或商业客户（大 B）。这些大 B 客户通常要求严格，需要企业与之多次洽谈，才能达成合作，但一旦建立合作关系，他们就可以为企业带来大量的订单和收入。

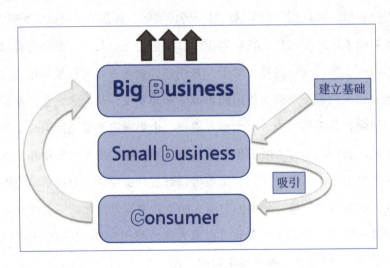

选择从哪个端开始取决于多种因素，包括企业的产品或服务类型、市场策略、资源、行业特性等，并没有固定的规则，企业应该根据自己的具体情况和市场环境来决定从哪个端开始。在某些情况下，从 B 端开始可能更合适，因为大客户可以为企业提供稳定的收入和市场份额。而在其他情况下，从 C 端开始可能更有利于建立品牌和市场需求，例如在互联网和电子商务领域，从 C 端开始也是非常常见的。例如，许多初创公司首先通过直接向消费者销售来验证其业务模式，然后再扩展到 B 端市场。

企业可以从以下几个方面进行考量，来判断自己的公司更加适合哪一种顺序。

（1）产品或服务特性：根据产品或服务的性质，可能更适合先针对某个特定的客户群体。例如，如果产品需要定制或大规模集成，可能首先需要与大 B 端合作。

（2）资源和能力：评估企业的资源和能力，包括资金、人力和技术。与小 b 或 C 端合作可能需要不同的资源和管理策略。

（3）风险和回报：考虑不同客户群体的风险和潜在回报。大 B 端可能提供更大的订单和稳定的收入，但谈判和履行合同可能更加复杂和耗时。

（4）市场渗透策略：根据企业的市场渗透策略，可以先从小 b 或 C 端开始，建立品牌和信誉，然后再扩展到大 B 端。

（5）销售周期：了解不同客户群体的销售周期。大 B 端的销售周期可能更长，而小 b 和 C 端可能提供更快的销售反馈和现金流。

（6）规模较小的交易：与 C 端消费者的交易通常规模较小，这降低了交易的复杂性和风险，使企业能够以较低的成本和风险测试其销售和营销策略。

（7）易于启动：与大型企业（大 B）或小型企业（小 b）建立合作关系可能需要更多的谈判和时间，而从 C 端开始通常更直接和快速。

最佳的服务顺序应该是基于对企业目标、市场状况和可用资源的综合分析。在某些情况下，企业可能同时或交替地服务于不同客户群体，以实现最佳的市场覆盖和业务增长。

B 端赋能与 C 端裂变：
实现业务增长的联动效应

"大 B+ 小 b+C 裂变"模式想要起效，不能单纯地依照产业链运行，企业一般都需要采用 B 端赋能 C 端裂变的策略。

那么，什么是"B 端赋能 C 端裂变"策略，它又是如何运作而生效的呢？

传统的商业模型往往直接走"产品—客户"的固定模式，这种模式往往只讲求做好产品，再把产品推销给消费者获得利润。然而在当下，这是一个毫无新意、毫无爆点且非常容易被淘汰的商业模式。现在是信息时代，无数的信息在眼前略过，无数成功的案例鼓舞着人心；同时又有无数的人做着创业的梦，想借时代的风口起飞。所以，如果还想依赖传统的商业模式获得成功，在当今时代恐怕就有些困难。在当今这个互联网的时代，不同于传统的商业模式，"B 端赋能 C 端裂变"的策略或许会符合更多人想要大发展的愿景。

"B 端赋能 C 端裂变"是一个营销和商业策略，它结合了面向企业客户（B 端，即 Business 端）的赋能和面向个人消费者（C 端，即 Consumer 端）的裂变增长。这个策略的核心思想是通过赋能 B 端客户，提升他们的业务能力和服务品质，从而间接促进 C 端用户的增长和品牌忠诚度的提升。

当然，互联网时代的营销，无论从 B 端还是 C 端，都是可以入手操作的。

按照传统的模式，从 C 端入手，启动会慢一些，前期投入较大，用户忠诚度也相对较低，用户容易受到竞争对手的吸引。现在已经是互联网时代，如果我们从 B 端入手，充分利用互联网的商业模式，那么前期受到的阻力和相应的投入就会小一点，市场启动起来也会更快，这样就容易达到引爆市场的条件，快速形成现金流。不过，要想从 B 端赋能成功，对整体的技术、运营还有团队的要求都很高，这也不是一件十分容易的事情。但是，我们还是更推荐 "B 端赋能 C 端裂变" 的经营策略。

B 端赋能指的是企业通过提供工具、技术、资源、培训等服务来增强其他企业的业务能力。这种赋能可以采取多种形式，比如：提供先进的管理软件或平台，帮助企业提高效率；提供专业的培训和咨询，帮助企业提升员工技能和业务理解；提供资金支持或合作伙伴网络，帮助企业扩大业务范围。

通过赋能 B 端客户，企业可以和其建立稳定的合作关系，同时也能够通过 B 端客户的服务质量提升来增强自身产品的市场竞争力。

C 端裂变则是指通过优质的用户体验和激励机制，鼓励消费者自发地推广产品或服务给其他潜在消费者。这种裂变增长通常依赖于：

（1）口碑传播：满意的用户向他人推荐产品或服务。

（2）社交媒体分享：用户在社交媒体上分享自己的使用体验。

（3）推荐奖励：通过推荐新用户获得奖励，如折扣、积分等。

C 端裂变依靠的是 B 端赋能过后对产品的宣发，是一种高效且成本较低的市场推广方式，它能够迅速扩大用户基础，并建立起积极的品牌形象。

刚刚起步创业的企业家一般做不了庞大的产业，尤其是在当今这个信息化时代，以小规模精细化产业或者小众产品比较好起家。而小众产品的企业恰好不适合直接做 C 端，因为缺少爆点，所以特别需要先把 B 端赋能，再在 C 端进行裂变。

如果初期就定下了这个商业策略，那么前文提及的技术支持就十分重要了。

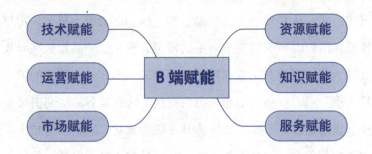

这是因为技术支持能为企业提供先进的软件和工具，使其实现自动化，帮助其优化业务流程和提高效率。B 端赋能想要成功，就要依靠高素质的技术团队，因为技术支持是整个 B 端赋能建立的框架。

对应到现实中的赋能措施上，具体可以分为以下几个方面。

1. 技术赋能

开发云计算服务，让企业能够灵活扩展其 IT 基础设施。或是开发行业特定的软件解决方案，帮助企业自动化和优化业务流程。当然也可以提供 API 接口，使企业能够轻松集成第三方服务。

2. 运营赋能

（1）提供供应链管理工具，帮助企业优化库存和物流。举个例子，阿里巴巴的 B2B 平台为全球的制造商和批发商提供了一个交易市场，让大 B 客户能够进行大宗交易。通过这个平台，阿里巴巴为中小企业提供供应链管理工具、支付解决方案和物流服务，帮助他们将业务拓展到全球市场。

（2）提供客户关系管理（CRM）系统，帮助企业更好地管理和分析客户数据。

（3）提供数据分析和业务智能工具，帮助企业做出更明智的决策。

3. 市场赋能

（1）提供数字营销工具和培训，帮助企业提升在线可见性和客户的获取。

（2）通过合作伙伴网络和市场接入服务，帮助企业扩大市场覆盖率。

（3）提供品牌建设和市场定位的咨询，帮助企业塑造独特的市场形象。

4．资源赋能

（1）提供资金支持，如贷款、投资或补贴，帮助企业扩大业务规模。

（2）通过共享资源，如办公空间、设备或人才，降低企业的运营成本。

（3）建立行业联盟或合作网络，促进企业间的资源共享和合作。

5．知识赋能

（1）提供专业培训和行业认证，帮助企业提升员工的专业技能。

（2）举办研讨会、工作坊和行业会议，分享最新的市场趋势和业务策略。

（3）提供在线教育资源，如电子课程、网络研讨会和教程，使企业能够自主学习。

6．服务赋能

（1）提供售后服务支持，确保企业能够顺利使用所提供的工具和服务。

（2）通过定制化服务，满足企业特定的业务需求。

（3）提供快速响应的客服和技术支持，帮助企业解决运营中的问题。

B端赋能为C端用户提供了优质的产品和服务，C端裂变则通过口碑传播和推荐奖励，推动品牌增长，从而实现业务的联动效应。成功做好B端赋能和C端裂变，企业就能实现业务的良性循环和持续增长。这种模式非常适合快速扩张的企业，尤其是那些希望提高客户满意度和市场占有率的企业，因此企业家一定要学会运用这个模式。

第三节

大 B 策略：
构建稳固的合作关系

大 B 企业通常拥有庞大的员工规模、丰富的资产和显著的市场份额，它们在行业内具有显著的影响力，能够影响市场趋势和行业标准。因此，对于施行大 B+ 小 b+C 裂变模式的企业来说，与这类企业建立稳固的合作关系是其中至关重要的一环。

一、市场分析与定位

市场规模与增长率、技术创新与应用、消费者行为与需求以及竞争格局与进入壁垒是对大 B 企业目标市场进行深入分析时需要注意的四个方面。

1. 市场规模与增长率

收集大 B 企业所在行业的报告和市场研究数据，了解总体的规模和近年来的增长趋势。分析市场规模的大小和增长速度，评估行业的发展潜力。比较不同细分市场的增长率和市场规模，确定最有潜力的市场领域。

2．技术创新与应用

追踪对方行业内的技术创新动态，包括新技术的研发、应用以及推广情况。评估新技术对该大B企业的影响，甚至对整个行业的影响。预测技术创新的趋势和方向，分析新技术如何改变行业竞争格局，以及企业如何利用新技术提升竞争力。

3．消费者行为与需求

研究大B企业所服务的消费群体的购买行为、需求变化以及消费习惯等。分析消费者需求和偏好，确定目标客户群体。了解对方消费者对产品或服务的期望，为产品设计和市场策略提供依据。

4．竞争格局与进入壁垒

首先，研究行业内的竞争格局，包括主要竞争者、市场份额分布以及进入壁垒等，评估企业在市场中的竞争地位，识别潜在的竞争对手和威胁。其次，分析进入市场的壁垒，如技术壁垒、资金壁垒和品牌壁垒等，为企业的市场扩张或收缩提供决策依据，精准地抓住大B企业的痛点，明确企业自身的产品或服务，如何解决它们的具体问题或为其提供独特的价值。

二、构建共生生态系统

大B企业更倾向与合作伙伴建立长期的供应商或合作伙伴关系，一旦建立了合作关系，它们可能更愿意进行长期合作和重复业务。因此必须与大B企业共同构建一个共生生态系统，才能促进资源共享和相互依存。

1．共生关系

在商业共生生态系统中，大B企业与合作伙伴之间形成的共生关系，就像生物生态系统中的共生生物一样。我们只有与大B企业相互依赖，才能更好地应对市场挑战和风险，实现共同发展。

2. 生态平衡

在商业共生生态系统中，合作伙伴之间要保持生态平衡，相互制约、相互促进。因此，企业需要关注合作伙伴的利益，确保合作伙伴在共生生态系统中得到合理的回报，从而维持生态系统的稳定性和可持续性。

3. 生物多样性

在商业共生生态系统中，合作伙伴具有多样性的特点，也就是合作伙伴具有不同的业务模式、技术优势和市场资源。这种多样性有助于生态系统在面对市场变化时保持其灵活性和创新能力。例如，大 B 企业可以与不同的供应商合作，以获取不同的技术和资源，从而提高企业的竞争力和创新能力。

4. 生态系统服务

在商业共生生态系统中，我们为大 B 企业提供不同的生态系统服务，如技术支持、市场推广、人才培养等，这些服务有助于提高整个生态系统的效率和价值。

通过以上几个方面，我们就可以通过生态系统的构建扩大交易范围，提高商品的交换量和交换速度，最终提升交易量。

三、灵活的合作伙伴关系

为了与大 B 企业构建灵活的合作伙伴关系，企业需要采取一系列战略措施，确保合作关系的稳固与高效。首先，要制定并实施互惠互利的合作模式，通过合同和合作协议的明确界定，使双方的责任、权力和利益分配得以确定，确保合作能够为双方带来实质性的价值和利益，降低合作中的不确定性。

其次，企业需要识别并利用双方的核心能力和资源，找到可以共享和互补的领域，通过资源共享提高资源的利用效率，降低成本，增强双方的市场竞争力。同时，通过提供灵活的合作模式，如订阅服务、按需资源分配等，以适应大 B 企业的动态需求。这些合作模式可以根据大 B 企业的业务周期和需求变化，调整合作内容和服务级别，从而实现合作的灵活性和适应性。

最后，持续沟通与反馈机制的建立，有助于及时了解大 B 企业的需求和反馈，并根据反馈的情况调整合作策略，确保双方的需求和期望得到满足。同时，应与大 B 企业共同评估和管理合作过程中的风险，建立风险管理机制，以减少合作中的不确定性，增强合作伙伴的信心。

四、巧借东风

在与大 B 企业建立稳固的合作伙伴关系之后，我们应充分利用其丰富的资源，借助其强大的品牌影响力，以助推自身企业的成长与发展。

联合营销：参与大 B 企业的联合营销活动，如赞助、广告、社交媒体推广等。利用大 B 企业的粉丝基础和市场渠道，增加企业的曝光度。

产品捆绑销售：将企业的产品与大 B 企业的产品进行捆绑销售，利用大 B 企业的品牌效应，提高产品的销量和市场份额。

行业交流：利用大 B 企业的行业影响力，积极参与其组织的行业会议、展览等活动，扩大自身在行业内的曝光度和影响力。

市场渠道拓展：借助大 B 企业的市场渠道，如电商平台、连锁店等，扩大自身的产品覆盖面和市场占有率，提升品牌影响力，将自身产品推广到大 B 企业的客户群中，实现销售渠道的拓展，积累更多的 C 端资源，并在此基础上开展精准营销和进行客户关系管理，提升客户转化率。

小 b 策略：
加盟体系与本地市场渗透

小 b 企业一般对本地市场有深刻洞察，对消费者需求有精准把握，这也是达到我们与其合作的目的——做到向本地市场的渗透所需具备的特质。为了有效拓展与小 b 企业的合作，加盟体系是一个理想的解决方案。通过这种模式，我们可以利用小 b 企业的地缘优势和其对市场的理解，将自身业务触角延伸至市场的每一个角落，实现市场的深度渗透和业务的全面发展。

一般而言，我们与小 b 企业的合作基本能够实现快速的市场响应，并简化了管理流程。这种伙伴关系的建立，能够使企业有效地对市场进行试水，收集具有针对性的反馈信息，从而对产品和服务进行持续的改进和优化。

一、小 b 企业的特点

小 b 企业的消费决策与 C 端客户有相似之处，它对品牌知名度有一定的要求，但不像 C 端客户那样有明显的品牌个人偏好。小 b 企业在评估品牌时，往往会侧重于产品的实际效用和性价比，而对于品牌所提供的情感附加价值或社交象征意义等非功能性属性，通常不会作为其决策的主要考量因素。他们的选择更多是基于业务逻辑和实用主义，以此为标准去寻求能够可靠地支撑其运营和提升效率的品牌和产品。

小 b 企业的运营往往与企业的"成本中心"紧密相关，这意味着它们在支出管理上有着较为严格的标准和预算限制。与"利润中心"相比，小 b 企业在预算上的灵活性相对较低，因此在购买决策时，成本效益成为一个关键考量因素。

为了迎合小 b 企业的这一特性，企业在设计和提供产品与服务时，必须将成本控制作为核心考量因素。这就意味着要为小 b 企业提供性价比高、能够有效帮助其优化成本结构的产品和服务。通过这种方式，企业不仅能够满足小 b 企业的实际需求，还能够帮助它们在竞争激烈的市场中保持成本优势，实现可持续发展。

相较于大 B 客户，小 b 客户的采购规模通常较小，它们在价格谈判中可能不会持有强烈的压价动机，并且往往能够实现现金交易，减少了账期较长带来的现金流问题。这种财务状况使得小 b 客户在采购流程中展现出更高的灵活性，能够迅速做出购买决定并及时完成支付。

小 b 客户的这种支付习惯和财务独立性，为企业提供了更为稳定的现金流预期，降低了交易风险。当企业在与小 b 客户进行合作时，可以有更短的回款周期，这就有助于优化企业的资金周转和财务规划。同时，小 b 客户的决策过程往往更为简洁，也有助于加快销售周期，提高市场响应速度。

二、加盟体系

加盟体系为小 b 企业提供了一个平台，使它们能够借助资源网络来拓展市场，这一模式有效地解决了自身企业起步时在资金方面的限制，降低了我们独立开拓新市场时面临的成本问题和风险。这种合作模式有助于我们的产品在新市场的快速立足，让自己的品牌能够更快地渗透到不同区域和市场细分中。

当我们与小 b 企业签订协议后，便授权它们使用自己的品牌、技术和管理模式等资源进行经营。同时，也能为其提供一系列的服务、培训和指导，帮助小 b 企业更好地进行产品销售。

加盟体系的核心优势在于其能够实现统一的管理和标准化的运营，从而保障品牌形象和服务质量的统一性。通过精心制定的加盟政策、严格的管理规范和一致的服务标准，能够确保小 b 企业在经营活动中坚守品牌的核心价值，向消费者提供高标准的产品和服务。

这种模式不仅有助于维护品牌的良好声誉，还能够增强消费者对品牌的信任度和忠诚度。通过加盟体系，我们能够将品牌的优势与本地市场的特点相结合，从而实现品牌的广泛传播和业务的持续增长。

三、本地市场渗透

小 b 企业的"接地气"特质，让它们能够紧密贴合本地市场的独特脉动和消费者的个性化需求，从而实现精准的本地化市场运营。

另外，加盟体系在设计时，就要巧妙地平衡品牌统一性与本地化需求之间的关系。因为它赋予了小 b 企业在当地市场一定的自主权和自由度，使它们能够根据自身对本地市场的理解，对产品和服务进行适当调整和优化，以更好地迎合当地消费者的偏好和需求，使之更加符合当地消费者的口味和期望。

为了实现对广阔市场的深度渗透和精细化管理，我们还应当采取一种精准的市场细分策略，比如将市场划分为多个独特的区域，并在每个区域中甄选最杰出的小 b 企业作为合作伙伴。这种分而治之的方法，能够确保我们在各个细分市场中的竞争优势，从而最终汇总成一个全面覆盖的大版图。

例如，若要进军浙江市场，我们就应当分别在杭州、绍兴、宁波等地寻找各自领域的领军企业并与之进行合作。另外，我们可以在市级内部进行更为细致的划分，以确保我们的市场策略能够精确到每个具体的细分市场，实现市场的深度开发和高效率运营。通过这种细致入微的市场分割和对合作伙伴的选择，我们就能够确保品牌在各个区域的市场中都能占据优势地位，从而在整体上获得成功。

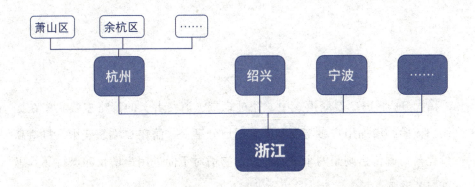

第五节

<h1 style="text-align:center">C 端策略：
打造高性价比与口碑传播</h1>

在大 B+ 小 b+C 裂变模式中，针对 C 端（消费者）的策略主要集中在提升用户体验、增加用户参与度和鼓励用户分享上。而在 C 端裂变中，打造高性价比与口碑传播则是两个核心要素，它们对于促进用户增长和保持品牌忠诚度至关重要。

高性价比的产品和服务可以极大地吸引对价格敏感的消费者，尤其是那些对于预算有限或寻求最佳价值比的消费者而言，他们所追求的首位一定是高性价比。另外，高性价比还能促进重复购买，当消费者发现他们获得的价值超过所支付的成本时，他们更有可能成为回头客，并持续地支持品牌。同时，提供高性价比的产品在增强用户对品牌忠诚度上也大有裨益。也就是说，提供高性价比的体验可以建立消费者对品牌的信任和忠诚度，这有助于与消费者建立长期的客户关系。

在互联网时代，口碑很多时候相当于一种流量，而流量是可以变现的。因为口碑传播可以迅速地在社交媒体和在线论坛上扩散，帮助品牌迅速扩大其影响力。因此，企业一定要做好自己的口碑，实施好口碑营销与传播的策略。口碑传播也是一种无须直接付费的营销方式。满意的消费者会自发地分享他们的正面体验，为品牌带来了免费的推广机会。而且，与广告或营销信息相比，来自朋友的推荐或在线评价具有更高的可信度。消费者也更倾向于相信其他消费者的意见。

高性价比与口碑传播也是相辅相成的两个环节，如当品牌提供高性价比的产品和服务时，消费者更愿意分享他们的正面体验，这将进一步吸引新用户，从而形成良性循环。高性价比和积极的口碑传播有助于塑造品牌的正面形象，提升品牌在消费者心中的地位。总之，在各个裂变活动中，打造高性价比和鼓励口碑传播是 C 端裂变成功的关键。

裂变活动内容是丰富的。从细节上来说，C 端市场成功的裂变策略内容通常涉及创新的市场策略和强大的用户参与度。裂变活动一般可以分为传播导向的裂变活动和转化导向的裂变活动。前者通常由市场团队发起，以内容为抓手在社交圈内引发用户自传播。例如，网易云音乐的年度报告就是基于用户数据而生成的个人专属年度听歌报告，这种内容会引起用户情感共鸣，从而在朋友圈产生传播裂变。而后者，也就是转化导向的裂变活动，是一般的企业需要学习并努力做好做成的。这类活动本质上是通过优惠、现金、权益等方式激励用户完成裂变任务，以达到拉动新客户，促使不活跃客户转变为活跃客户的目的。例如，邀请、助力、分享、拼团等形式的裂变活动，这些活动通常以常驻活动的形式存在。

裂变活动中最常见的邀请，也是拼多多爱用的一种活动模式，即通过老用户邀请新用户加入平台，当新用户完成相关任务后，老用户和新用户都可以获得奖励。这种裂变活动一般涉及新用户与老用户两个主体，对这两个不同的主体自然也要采取不同的裂变策略。对于老用户，企业首先要增加自己在老用户心目中的价值，或提供额外的价值，如优惠券、会员特权、专属活动等，以提高老客户的忠诚度和复购率。鼓励老客户在社交媒体上分享他们的正面体验，以获得更多的奖励或优惠。通过实施推荐新客户的奖励计划，鼓励老客户成为品牌的推广者。当然，为了提升老客户对品牌的黏性，也可以设计一些针对老客户的趣味活动，像每日签到之类的，一边要留住老用户，另一边又要用老用户来吸引新用户。

对于新用户来说，企业要做的首先是吸引。第一步要降低门槛，为新客户提供更低的价格、更多的优惠或更简单易用的服务，以吸引他们加入。新用户受到吸引之后，用留住老用户的方式去留住他们即可。这是一个转化的过程，无论是新用户还是老用户，你都要尽自己所能留住他，并利用他们去替你"招徕生意"。所以，也要发挥新用户吸引用户的作用，鼓励新用户推荐其他新的客户，以获得额外的奖励或优惠。

助力、砍价、分享、拼团等都是主要裂变活动的一种。助力是用户邀请好友为自己完成助力，达到目标人数后，发起人可以获得折扣或权益。拼团则是通过邀请他人参团，全部成员获得折扣或权益的活动。比如微信上爆火的"快团团"，就是利用了拼团这一裂变活动形式，利用成团的条件给予免去配送费等一些优惠，吸引客户下单购买。

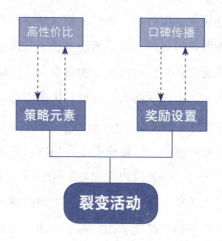

在研究这些裂变活动后我们不难发现，每一种裂变活动的成功都充分依托高性价比与口碑的传播，而高性价比与口碑传播也是促成活动成功的必要条件。

具体要如何做才能实现高性价比与口碑传播？此时我们就可以从策略元

素入手。裂变活动的策略元素包括任务门槛（需要点击或下载/注册/完单）和裂变对象自由度（限制新用户或所有用户），这些设置取决于活动的目的。当活动目的是拉动新客户时，任务要求通常较高，且裂变对象的自由度较低。

此时，我们就可以在任务门槛的页面上做一些优化设计，首先不要设计过于冗长的落地页和过于复杂的跳转页，将落地页控制在 3~5 页内，而跳转页上最好能做到"一次成功"。这一环节一旦得到优化，用户的体验也会相应得到优化。横向对比别家的服务，若是你的企业的任务门槛得到大大简化，那么对于用户在时间上的考量来说，你的企业便是最高性价比的选择。在信息时代，金钱有时候会化作无数细小的碎片镶嵌在互联网上，所以很多时候，时间便等于金钱。

奖励设置也是关键的可优化的一环。通常来说，任务门槛越高/裂变对象自由度越低，用户对于任务的感知难度越高，需要的动力牵引也越强。如果想使用户有传播的动力，设置的奖励就一定要有足够的诱惑力。金额可以很大，但不需要一下子就发放到用户手上，而是要细细地划分为几分几厘，慢慢地发送，而发送的条件还是依赖用户的传播。这样一来，钱是真金白银发到用户手上的，而发送的前提条件又是需要传播的，于是口碑与传播两者就皆包含在内了。

模式 8

会员 + 会员裂变

制度解读：
以 Costco 会员制为例

　　"会员＋会员裂变"是一种创新的会员卡营销策略，它结合了传统的会员制度与多种裂变机制，旨在通过现有会员的推荐和分享，快速增加新会员，并提高客户的忠诚度，增强了品牌在市场上的竞争力。这种策略不仅包括为会员提供独特的价值和优惠，如合作引流、抽奖凭证、充值优惠、亲子卡等，还鼓励会员积极参与会员卡的推广，通过设定推荐新会员的目标和奖励，实现会员基数的快速增长。通过这种方式，商家可以有效地利用现有资源，实现客户资源的最大化利用，从而在竞争激烈的市场中脱颖而出。

　　会员制的商业模式最早可以追溯到 20 世纪初的俱乐部制度，但随着时代的发展，逐渐演变为各种形式的会员制。根据会员享有的权益和服务不同，目前会员制可以分为以下几类。

　　（1）积分会员制：消费者通过消费积累积分，积分可以兑换商品或服务。

　　（2）等级会员制：根据消费者的消费金额或频率，将其划分为不同等级，享受相应等级的权益。

　　（3）付费会员制：消费者需要支付一定的费用才能成为会员，享受会员专属的价格优惠、增值服务等。

会员制企业与实行传统的商业模式的企业形成鲜明的对比。传统企业通常依赖于商品销售所获得的利润作为其主要盈利来源，而会员制企业则采取了一种更为深入的经营策略，它们通过塑造消费者剩余和培养顾客忠诚度来达成盈利目标。在这种模式中，会员费的收取构成了企业的核心收入来源，而商品销售所带来的利润则相对较少。

为了维持和扩大会员基础，会员制企业必须持续创新和提升会员权益，确保消费者感受到加入会员的价值所在。在这种模式下，企业需要不断地对会员服务进行优化，以吸引新的消费者并维系现有会员的忠诚度。通过这种方式，会员制企业能够在竞争激烈的市场中建立稳定的消费群体，实现可持续的发展和盈利。

会员制仓储超市作为一种独特的商业模式，它通过向消费者收取会员费并提供低价高质的商品，成功吸引了大量忠实的顾客。其中，Costco 作为会员制仓储超市的代表企业，以其卓越的商业模式和运营策略在全球范围内取得了巨大的成功。

在 Costco，会员资格不仅仅是购物的准入门槛，更是一种深层次商业模式的体现。与许多零售商不同，Costco 选择了一种更为独特的方式来吸引和维系客户关系，即非会员购物后无法进行结账。这种看似排外的策略背后，其实隐藏着会员制零售的核心理念。

在 Costco 的商业模式中，会员费是其利润的主要来源，而商品销售利润则相对较低。可见顾客支付的会员费并不仅仅是为了购买商品，更是一种对服务体验的投资。Costco 提供的服务，是通过利用其规模的经济优势，在大宗采购中获取更大的议价权，从而以较低的价格购买商品，并将节省下来的成本以低价转嫁给消费者。这种模式不仅吸引了大量寻求高性价比商品的顾客，还促使他们在续会员费时考虑到长期的服务价值。

因此，尽管顾客在 Costco 购物时需要支付会员费，但他们在购买过程中节省的费用往往远超过这笔费用。这种策略使得 Costco 能够专注于为其会员提供最佳的购物体验和最大的价值，从而得以在竞争激烈的零售市场中脱颖而出。

Costco 会员制的成功，归功于其商业模式的精妙设计和对消费者心理的深刻了解。以下是几个具有很大参考价值的关键因素，是它们共同促成了 Costco 会员制的成功。

1．消费者剩余

Costco 的经营哲学融合了高品质与高性价比的理念，它通过提供质量上乘的商品和服务，并以低于市场水平的定价策略，成功地为消费者创造了显著的消费者剩余。消费者剩余这一概念，衡量的是消费者对商品或服务的个人估值与其实际支付价格之间的差额。在 Costco 的案例中，这种差额不仅提升了顾客的满意度，还增强了消费者对品牌的好感和忠诚度。

2．高周转率

Costco 一向以其卓越的运营效率著称，其商品周转速度之快，堪称行业典范。这种高效的运营模式不仅体现在快速销售商品的能力上，更体现在其卓越的库存管理能力上，这种管理能够有效地减少库存成本，并通过大量销售分摊固定成本，做到迅速响应市场变化，确保商品的供应与需求达到最佳匹配度，从而实现商品的高效周转。这种模式使得 Costco 能够在保持低价格的同时，还实现了盈利目标。

3．精选商品策略

Costco 不提供过多的商品选择，而是精心挑选每种商品的一两个品牌。这种策略降低了顾客的决策难度，提高了购物效率，同时也降低了其库存和运营成本。

4．顾客忠诚度

Costco 的会员制模式鼓励顾客忠诚。会员因为已经支付了会员费，更有可能选择在 Costco 购物以获得会员权益。这种忠诚度不仅增加了顾客的重复购买率，还提高了顾客价值的生命周期。

5．附加服务

Costco 还提供了一系列的附加服务，如药房、食品区、光学中心和轮胎服务等，这些服务往往以极具竞争力的价格为会员提供，也进一步增加了会员的感知价值。

尽管会员制并非 Costco 首创，但其成功之处在于其对会员制的深刻理解和持续创新。Costco 在最初推行会员制时，并未立即取得显著成效，甚至也遭遇了失败。然而，它通过一个关键的策略调整——引入会员返点制度，而成功逆转了局面。

Costco 将会员等级分为基本会员和高级会员，其基本会员年费为 60 美元，而高级会员年费为 120 美元。两者之间的最大区别在于，高级会员享有 2% 的消费返点。这意味着，如果一个高级会员在一年内消费达到 6000 美元，其 120 美元的会员费将得以收回。而当消费超过 6000 美元时，会员甚至能够获得额外的利润。此外，Costco 还承诺，在会员卡有效期内，若会员对服务不满意，可随时退卡，Costco 将全额退还当年的会员费。这种灵活的退卡政策为会员提供了极大的权益保障和安全感。

Costco 的会员模式不仅为会员提供了实际的经济利益，还通过这种创新的返点制度和灵活的退卡政策，增强了会员对企业的信任和忠诚度。目前来看，这种模式的成功就在于它能够平衡会员的经济利益和心理安全感，从而能够在竞争激烈的市场中脱颖而出，实现持续的增长和盈利。

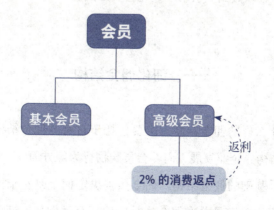

佣金激励:
策略与实践的黄金法则

制订一个有效的会员裂变营销计划需要考虑多个因素,其中,会员佣金制度的设计是非常重要的一个因素。"会员 + 会员裂变"这种模式想要成功运转起来,其关键在于发展一批堪称中坚力量的会员,而企业与会员链接的链条就是佣金。佣金要如何设计才能吸引一大拨儿的会员,并让他们心甘情愿为你做宣传?这是一个非常值得企业重点考虑的环节,因为一个合理的佣金制度不仅能让这种裂变更轻松,还能拥有稳定的内驱力;反之,一个不恰当的佣金制度甚至难以做到吸引第一拨儿会员加入。

一、细化佣金结构

企业采取什么样的佣金制度,主要依托于自身的佣金结构,而佣金结构又受限于会员结构、企业发展方向、会员购物行为等方面。

我们先来看基础的佣金结构。佣金结构决定佣金是基于销售额的百分比还是固定的金额,确定是单次佣金还是持续佣金。例如,持续佣金是被邀请人每次消费都给予邀请人佣金，单次佣金则是给被邀请人一次性结清。如果细化一下佣金结构，则可以分为两层层级结构的佣金。第一层级佣金即是主要针对直接通过现有会员邀请加入的新会员，给予邀请人一定比例的现金返还或积分奖励。如果新会员再次邀请其他新会员，原始邀请人可以获得较低比例的佣金，以鼓励其进行深度裂变，这则是第二层级的佣金。无论选哪一种结构形式，都没有对错之分，主要应考虑的是，如何平衡激励会员的积极性与保持成本效益的问题。

佣金除了直接给予邀请人一定金额的现金返还（可以是固定的金额或基于销售额的百分比的现金）外，也可以考虑采用积分奖励和商品奖励的形式。积分奖励即给予邀请人积分，积分可在下次购物时使用，或累积到一定数量后兑换商品。商品奖励则提供免费或打折的商品作为奖励，特别是新商品或高利润商品。积分奖励和商品奖励在零售超市中特别常见，是很好用的奖励方式。

二、用户分层

随着邀请人数的逐渐增加，为了更好地区分会员级别和体现某些会员的优越性，吸引更多的会员成为"VVIP"，企业可以为他们提供更高级别的会员等级，让他们享受更多的特权，如更高的积分兑换率、专属活动邀请等，而这些都是普通会员所不能享有的。而想要从普通会员升级为高级会员（VIP），甚至超高级会员（VVIP），则需要各个层级的会员付出相应的裂变价值。企业可以在这个上面做文章，通过设计一些具有吸引力的晋升机制和激励措施来吸引普通会员转化为高级会员。

首先是设定明确的晋升标准，定义高级会员（VIP）的资格，如达到一定的消费金额、购买频率或其他关键业绩指标。确保晋升标准对所有会员都是

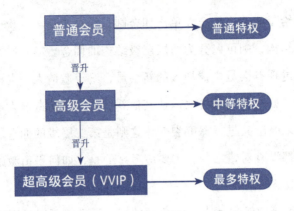

公平的，并且有明确的达成路径。这是第一步，信息要透明且公开，才能让所有人心服口服。晋升条件可以是"拉人头"，比如一个普通会员如果拉了10个会员进来，那么他就拥有了晋升高级会员的资格；如果拉了20个会员，那么就可以升级为超高级会员；如果拉了50个以上会员，则视情况而定，可给予其一个"终身会员"的头衔。以此类推，企业可以根据自身的发展情况制定相应的会员晋升标准。

其次是提供高额的佣金比例或额外的奖励，以激励普通会员努力达到晋升标准。可以考虑为高级会员提供特殊权益，如独家折扣、佣金返还、变现、提成、定制化服务或优先参与新产品测试等。总之，这部分激励措施的力度一定要大，一定要有足够的诱惑力，不然那些普通会员凭什么攒足了劲要成为你的高级会员乃至超高级会员呢？当然，也可以从体验感入手，为高级会员提供更好的客户服务和支持，以提高他们的满意度和忠诚度。或定期举办高级会员专享的活动或讲座，发放礼品，以增强他们的归属感。总之，要非常重视高级会员及以上的这一会员群体，定期与高级会员沟通，了解他们的需求和反馈，并根据会员的反馈调整晋升机制和激励措施。要让他们知道企业对他们的重视，从而使其产生获得感与荣誉感。只有这样，这一部分群体才能继续为你大力宣传，而后面的普通会员也会铆足了劲想要获得高级会员的荣誉。

三、阶梯式佣金制度

阶梯式佣金制度是一种根据销售业绩或业绩指标来设定不同佣金比例的激励机制。这种制度可以有效地激励销售人员或团队成员实现更高的业绩目标。其原理和上面提到的分层制度，其本质和内核是一样的。

首先是确定关键业绩指标，如销售额、利润、新客户数量、客户满意度等，这要根据公司目标和市场状况设定合理的业绩目标。其次是设计阶梯结构，确定业绩指标的多个阶梯，让每个阶梯都对应一个佣金的比例。最后是设定每个阶梯的业绩指标和佣金比例，能够确保阶梯之间的差距适中，从而激励销售人员或团队成员工作的主动性。

比如，企业可以通过会员购买行为来调整其佣金结构，设置动态佣金比例；也可以根据会员的购买行为将其分为不同的群体，如高频购买者、低频购买者、高价值客户、潜在流失客户等。对于不同的会员群体，企业应设计不同的佣金结构和激励措施。如对于高频购买者，可提供更高的佣金比例或额外的奖励，以鼓励他们继续购买并推荐新会员；对于低频购买者，则提供首次购买奖励或推荐奖励，以促进他们重新激活购买行为和参与推荐。

动态佣金比例则是把佣金比例调整依据建立在会员的购买历史和其忠诚度的动态表现上，而非传统的入会即享有稳定的佣金比例。例如，随着该会员购买次数的增加，其佣金比例也会随之增高。对于高价值的客户，可以提供更高的佣金比例，以鼓励他们推荐其他高价值客户。这种动态变化的佣金比例可以大大增强会员的参与度与竞争感，使得裂变活动也越来越有活力。

当然，选择哪一种佣金结构的形式要根据企业自身情况来决定，但"分层"依然是王道和金牌策略，企业可以对此进行认真研习。

第三节

裂变增长：
会员提升转化与留存

在模式 6 第一节"共享共荣：'会员 + 合伙人'模式概述"中，我们深入探讨了裂变营销的策略与实践，并对四种不同的裂变方式进行了详尽的阐述。本节，我们将聚焦于如何进一步提高会员的转化率和留存率，以实现会员价值的最大化。

对于实行会员制的企业而言，会员费用，即会员卡的充值费用，是其主要的收入来源。如何让顾客在充值会员卡时感到物超所值，这不仅仅是一门深奥的学问，更是企业实现会员转化率提升的关键所在。

一、四种会员卡裂变模式

1. 合作引流会员卡

合作引流会员卡策略，意在通过与周边商家构建互惠互利的伙伴关系，共同拓展市场版图，以实现客户资源的优化配置。在这一合作框架下，合作商家可共同设计会员卡，通过此举与合作伙伴协商，从而达成互利协议。具体而言，当顾客在合作商家消费达到预设的金额时，即可获得一张包含专属优惠的会员卡。这样，商家就可以充分利用合作商家的客户渠道，将潜在客户引导到自己的店铺中。

2. 抽奖凭证会员卡

抽奖凭证会员卡的设计充分考虑到顾客的心理需求，它主要是通过设置惊喜和激励机制，让顾客在购物过程中感受到更多的乐趣和价值。也就是说，当顾客在消费时，他们不仅能够享受到会员的专属优惠，还有机会参与红包抽奖，这样就增加了这些顾客重复消费的可能性。这种创新的会员卡设计，不仅仅是一张购物凭证，更是一种激励顾客多次消费的营销机制。商家通过巧妙地将会员卡与红包抽奖活动相结合，为顾客提供了额外的消费动力，不仅增加了顾客回头率，也提高了顾客转化率，还提升了商家的销售额。

3. 免费优惠

这种方式鼓励顾客通过充值成为会员。与传统的充值优惠方式不同，这种方式提供的是更具吸引力的首单免费优惠。例如，商家可以设定一个规则：如果顾客当天消费达到一定的金额如 30 元时，商家就会提供一个充值优惠，即充值金额是首单消费的 3 倍，如 90 元，这样当天的消费金额就可以全部免除。商家运用这种策略，不仅鼓励顾客提前充值，以享受未来的优惠，还通过首单免费的方式，为顾客提供了即时的激励，也增加了顾客的消费意愿。

4. 亲子卡

亲子卡是一种针对家庭的会员卡，无论是父母带孩子消费，还是孩子带老人消费，都能享受到这种优惠。这种类型的会员卡旨在锁定整个家庭的消费，通过为不同家庭成员提供优惠来增加这类会员卡的吸引力。

以上四种方式都是通过提供独特的价值和优惠来吸引和保留顾客，从而实现会员卡的有效裂变。在实际操作中，商家可以根据自己的业务特点和目标客户群体选择合适的裂变策略。

会员留存率是指企业能够长期保留会员的能力，它是除会员转化率之外，衡量企业会员营销策略成功与否的一个重要指标。会员留存率的提高不仅可以减少会员流失，降低企业的获客成本，还可以增加会员的生命周期价值。吸引新客户对企业而言固然重要，许多企业也为了获取新客户投入了大量的财力、人力和物力。然而，有些企业往往忽视了一个关键的事实：只有回头客才能够为企业带来持续且更高的投资回报率（ROI）。如果你的战略重点是开展留存营销以"留住现有客户"，那么你的战略思维无疑是非常明智的。

二、社群留存策略

一般来说，每个门店都拥有自己的忠实客户群体，这些客户对于品牌而言，是无价的资产。若能够将这些忠实客户凝聚成一个社群，并通过社群平台定期发布会员专属活动和新产品信息，同时将公众号和朋友圈等社交媒体渠道串联起来，这样将会形成一个综合性的社群留存策略，那么无疑也将大大提升客户的忠诚度和购买意愿。

三、会员专属活动

为确保会员专享优惠活动能吸引新会员并增加现有会员的参与度，首先，应深入了解目标受众的兴趣、偏好和行为模式，为不同会员群体量身定制相应的活动，以满足他们的特定需求。其次，可以为会员提供独特的优惠和价值，如独家产品、限量版商品或提前购等特权。企业利用社交媒体和影响力营销宣传优惠活动，鼓励会员在社交媒体上分享活动体验，能够以口碑传播的形式来吸引新会员。通过个性化沟通，主要是根据会员的购买历史和偏好推荐相关优惠，简化参与流程，确保通过一键加入、快速注册等方式，就能让新会员轻松便捷地参与。对已经参与的会员要提供及时的反馈和奖励，通过积分、徽章或等级制度，来激励会员持续参与。根据会员的反馈和活动数据，要不断优化活动内容和形式，定期测试不同的优惠和策略，从而找出最有效的策略。

四、用户召回

在实施用户召回策略时，首先需要明确目标用户群体，这一步骤通常是通过用户分群或分组来实现，以便精准定位那些可能需要被召回的用户。用户分群的标准有多种，其中，用户活跃程度是一个重要的考量因素。活跃程度的定义因产品性质和使用习惯而异。例如，对于一款日常的应用，如果用户在一周内未登录，可能表明其活跃度下降，此时即需考虑采用召回策略；而对于一个每月使用的服务，用户一个月未登录才可能需要被召回。

确定目标用户后，其次是分析用户流失的可能原因，以制定有效的召回策略。例如，对于一个电商网站，可以根据用户的购买历史和兴趣为其推送相关商品信息，如用户之前购买了某类书籍，可以向他们推荐类似的书籍或商品，以唤醒其购买欲望。这种个性化的推荐不仅能够提高召回用户的吸引力，还能够提升用户体验，增加用户重新使用服务的可能性。

最后通过提供用户可能感兴趣的内容或优惠，可以激发他们的兴趣，促使他们重新激活账户。这种基于用户行为和偏好的个性化召回策略，不仅能够提高用户回流率，还能够增强用户对品牌的忠诚度，从而使企业在竞争激烈的市场中占据一席之地。

明确目标用户群体

分析用户流失原因

制定有效的召回策略

精准营销：
大数据下的会员裂变

大数据在分析会员、辅助分层、实现会员个性化服务等方面扮演着关键角色。通过分析会员数据，企业可以更好地理解会员的偏好、需求和行为模式，从而对会员结构比例有更加清晰的认知，从中找到具有高价值潜力的会员，并为其提供更加个性化的服务。

一、挖掘高价值会员

在用户分层中，企业会根据其确定的分层标准，将会员细分为不同的群体或等级。例如，根据购买频率和消费金额，将会员分为高价值、中价值、低价值等不同等级。其中，高价值会员是"会员＋会员裂变"模式下企业盈利的重要基石，而识别高价值会员则是企业实现会员营销策略，提高会员价值的关键。那么，如何精准地找到高价值会员？要做到这一点，就要依赖大数据了。

因为大数据可以收集会员的基本信息和购买行为数据，如购买记录、订单金额、支付方式、浏览行为等，再利用数据分析工具对收集到的数据进行清洗、整理和分析。然而，这仅仅是大数据的基本功能。

在纷杂的信息网络中，大数据可以帮助我们找到会员的关键指标，并对其进行分析。即分析会员的购买频率、平均订单价值、消费金额、客户生命周期价值等关键指标，识别在多个指标上表现突出的会员。分析会员的互动数据，如浏览行为、点击率、社交媒体参与度等。识别那些活跃度高、参与度大的会员。开展这项工作，企业家们要予以足够的重视，这个时候决不能懈怠，因为这些关键指标都较为突出的会员群体，很可能就是我们要寻找的高价值会员、"高级会员"。

除了这些关键指标，如果是提供产品服务的企业，还可以分析会员的购买历史，了解他们的购买偏好和消费习惯，这些会员或许不一定会成为"高级会员"，但那种超出常人的消费力也说明了他们不容小觑的价值。

这些数据分析的手段都可以帮助企业家识别出潜在的高级会员，从而更好地实行会员分层管理，为这些潜在的高级会员提供更有针对性的服务和优惠。对于企业家而言，重要的是要持续关注会员数据和行为，并根据市场变化和会员需求及时调整营销策略。

二、会员个性化服务

企业想要和会员们发展为长期的关系，提高会员的参与度与忠诚度，那么针对不同会员的个性化服务是绝对不能少的。通过人工来提供这样的服务比较困难，但大数据就可以做到这一点，善用大数据，实现会员个性化服务，可以大大提高会员们的满足感，从而实现企业的业务增长。

企业可以利用大数据技术，根据会员的购买历史、浏览行为、互动数据等，构建会员的详细客户画像。客户画像绝不是无用的东西，它是所有会员信息的综合排列与解码，上到购买偏好、消费潜力，下到年龄性别，一个优秀的、全面的客户画像可以帮助企业了解会员的兴趣爱好、购买习惯和潜在需求，从而为他们提供更加个性化的推荐和服务。

通过初步的数据分析得到会员画像以后，企业就可以进一步使用个性化推荐算法。个性化推荐算法是根据用户的历史行为和偏好，向用户推荐可能感兴趣的内容或产品的一种方式。这些算法可以分为几种类型，每种类型都有其特定的应用场景和优缺点。笔者也在此列举了一些常见的个性化推荐算法，以供企业家们参考。

1．协同过滤

协同过滤可以分为基于用户的协同过滤和基于物品的协同过滤。前者是根据用户之间的相似度，推荐与目标用户相似的其他用户喜欢的内容。而后者则根据物品之间的相似度，推荐与目标用户喜欢的物品相似的其他物品。无论采用哪一种方式都是可以的，它主要依托的是企业想用什么方式作为其筛选标准。

2．基于内容的推荐

是通过分析用户的历史行为和偏好，以及物品的属性，来推荐与用户偏好相似的物品，这是一种较为通用的个性算法。

3．基于模型的推荐

这种个性化算法比较考验技术，而且需要使用机器学习模型，如运用矩阵分解等进行深度学习，来预测用户对物品的评分或偏好。因为需要技术的支持，所以在使用上具有一定的门槛，如果希望在这个方面做得出色，是需要独具竞争力的。

4．基于知识的推荐

这种算法是利用外部知识库，如产品描述、用户评价等，来推荐与用户偏好相关的物品。局限是，如何才能找到全面且精确的知识库。因为如果知识库信息不准确、不完整，那么这个算法便很难起到应有的作用。

5．基于社交网络的推荐

这是各大社交平台爱用的个性化算法，即利用用户的社交网络关系做推荐。在实际使用中发现，它非常好用，屡试不爽。

三、预测会员流失

少部分的会员流失是会员裂变中的常见情况，也是正常情况，然而大量的会员流失则意味着会员裂变活动的失败，这是很难挽回的。因此，企业要对会员流失这一行为提起警惕，我们可以利用大数据提前检测到有可能出现流失行为的会员。比如分析会员的互动数据，如浏览行为、点击率、社交媒体参与度等。那些活跃度下降、参与度减少的会员，可以被我们列入黄色清单，意味着他们是有可能流失的会员群体。包括那些不愿意分享正面体验、购买频率降低、订单价值减少的会员，也可列入黄色清单。

在评估会员的流失风险，建立黄色清单之后，企业就不能放任不管，而是要建立预警机制，对具有较高流失风险的会员进行及时的提醒和关怀。比如加大个性化的服务和优惠力度，提高会员的满意度和忠诚度。要知道，会员之所以会流失，无非是他认为你的活动没有足够的诱惑力，那么企业要做的就是让他们回心转意。当然，也不建议企业去挽回每一个将要流失的会员，还是和前文说的一样，要先分析出高价值的有留存意义的会员，再动用资源挽回。对于一些价值不高的会员，就可以选择性放弃，否则会导致过度劳时劳力，对于企业的经营发展，意义并不大。

因此，企业一定要善用大数据，通过分析数据，理解会员行为，在此基础上学会取舍，不断优化自身的营销策略，才能进一步提高转化率。

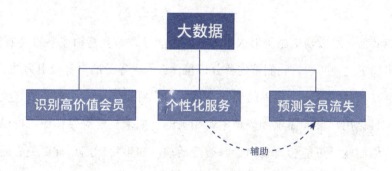

第五节

应对挑战:
裂变式增长限制与问题解决

"会员 + 会员裂变"的策略虽然强大,但也不是毫无对手。在具体实施过程中,企业难免会遇到一些挑战,比如会员裂变受阻、裂变中途断链、资金难以周转等问题。企业家们在遇到这些问题时先不用慌,任何一个行业都会遇到阻碍与挑战,这些阻碍是"会员 + 会员裂变"模式运作下非常容易出现的,只要找对方法,对症下药,没有什么问题是不能解决的。

笔者列举归纳了一些裂变过程中可能会出现的问题,以供大家参考。

一、激励措施不够吸引人

如果企业的激励措施不够吸引人,就可能导致裂变营销策略的效果不佳。如果出现了这种问题,我们首先要分析是什么原因导致的自身吸引力缺乏。

第一个原因可能是提供的奖励与目标用户群不匹配。一般来说,奖励是需要与目标用户群的需求和兴趣紧密相关的,如果奖励对目标用户群没有吸引力,他们就不可能会有动力参与裂变活动。如果目标用户群更关心的是产品的质量而不是价格，那么给他们提供折扣就可能不如提供额外的产品功能或服务更具吸引力。如果是这种情况引起的吸引力缺乏，那我们企业管理者就可以通过调整奖励的方式来确保奖励与目标用户群的需求和兴趣紧密相关，从而为会员们提供他们真正想要的奖励。

第二个原因可能是奖励价值感知度低。有的用户可能认为企业提供的奖励价值不高，不值得他们花费时间和精力去邀请其他人。真实的情况也可能是因为奖励值太小，或者是用户难以理解奖励的实际价值。例如，如果企业所提供的奖励是少量的积分或折扣，用户可能会觉得这些奖励不足以激励他们去行动。这个时候企业管理者需要做的就是为用户提供更具吸引力的奖励，或者通过营销和沟通策略提高用户对奖励的价值感知。

第三个原因可能是奖励本身难以获得或使用价值低。如果用户觉得奖励难以获得（如要求太多的步骤或条件）或者难以使用（如有限的使用期限或复杂的兑换流程），他们可能会对参与裂变活动失去兴趣。此时我们就可以简化获得和使用奖励的流程，减少用户的不便。另外，也可以增加奖励的实用价值，让会员把奖励用在生活中，促进其使用频率上升。

第四个原因是奖励缺乏独特性或新颖性。如果奖励缺乏独特性或新颖性，用户可能会觉得它与其他竞争对手提供的奖励没有区别，从而导致缺乏吸引力。反之，如果能够为用户提供独特的体验、定制化的产品或服务，或者与合作伙伴联合为用户提供奖励，这样可能会更具有吸引力。

还有一个措施是，企业也不一定只是用来应对吸引力不足的情况，更推荐将其应用在"锦上添花"的场景里。就是设计一些能够提供某种形式的社交认同或地位象征的奖励，比如特殊的会员徽章、排行榜位置或独家访问权限，既考虑了社交认同和地位象征的因素，也能够增加其吸引力。

二、邀请机制复杂或不明确

裂变营销策略中的邀请机制复杂或不明确是导致用户参与度低、策略效果差的一个主要原因。如果出现了这种影响裂变效果的情况，我们也要先具体分析是什么导致了邀请机制的复杂或者不明确。

如果是注册或邀请流程烦琐导致的，那么就一定要简化流程，减少一些不必要的步骤，以确保注册和邀请过程都尽可能简单和直观。用户在尝试邀请朋友时如果需要经历烦琐的注册流程或多步骤的邀请过程，他们就可能会感到沮丧并因此而放弃，而每个额外的步骤都可能增加用户的流失率。

如果邀请机制缺乏清晰的指示和信息，用户可能不知道如何正确地邀请朋友，或者不清楚他们邀请的朋友将如何受益。这种不明确性就可能导致用户犹豫不决，迟迟不采取行动。所以这个时候我们就要确保邀请机制有清晰的指示和信息，比如可以在跳转页面上用简易清晰的符号与图案做指示说明，让用户知道如何操作，以及他们的朋友将会如何受益。

还有一个是技术上的问题，也就是说，技术上如果不过关，不仅有可能产生链接无效、推荐码无法识别或应用程序错误等极大削弱用户参与度的问题，还有可能造成设备或平台不兼容的问题。因此，企业一定要时时刻刻把好关，优化技术并定期检测其运行的情况，确保邀请机制在所有设备和平台上都能无缝衔接地开展工作，定期进行测试和维护，以解决出现的技术问题。

三、长期维持和增长困难

无论是哪个行业的企业家，只要想采用会员裂变模式，都应当考虑长期维稳的问题，因为很多会员都不是一次性的购买行为，所以要形成良好的关系，是需要企业长久用心经营才能维持的。当然，这并不容易，有许多企业在这个方面栽了跟头。

如果想要维持长期的会员关系，那么企业就要少用或者不用一次性激励机制。如果裂变营销策略只依赖于一次性激励，比如首次购买折扣或注册奖励，那么一旦用户参与了这种激励活动，他们可能就没有动力继续参与或推荐新用户。这可能导致用户增长速度在初始阶段结束后便迅速放缓。所以，如果一家刚成立的企业只采用了一次性激励机制，那么它在起初的第一年可能效益会非常好，但慢慢地，它就会淡出所有人的视线。我们要知道，办企业不是做快闪店，所以，除了为用户提供一次性奖励外，我们还可以尽可能地设计长期的激励机制，比如会员等级、积分累积系统或持续推荐奖励等活动，以鼓励用户持续地参与。

除了采用激励机制外，企业自身的产品是否具有竞争力、高价值和不可替代性是更重要的方面。如果产品或服务本身缺乏持续的价值，或者没有提供持续改进和更新的理由，用户就可能会对其失去兴趣，从而停止推荐给朋友。长期的成功需要产品或服务能够持续满足用户的需求和期望。这就是为什么企业要一直追求创新，追求"变"，其本质的原因就是"变则通"。

还有一个残酷的困境便是市场饱和，这是比较难解决的一个问题。在市场饱和的情况下，非常考验企业是否具有前瞻性的眼光和符合市场需求的发展策略。一旦出现市场饱和的预警或前兆，企业就需要立马调整自身的裂变策略，如细分市场、探索新的用户群体或为其提供更具个性化的推荐激励策略。如果市场饱和了企业还没有及时脱身，那么后续的各种资金流转和行业转型就会变得极其困难。

以上笔者列举的一些常见的问题与解决方案，可以为企业家们提供参考。无论如何，遇到困难、遇到挑战都不是最可怕最艰难的，企业在经营的过程中，最为核心、最为重要的，永远是在面对市场的变化时，要处变不惊，及时跟上时代的浪潮并努力解决各类问题。

模式 9

线上短视频+线下合伙人

流量转化：
短视频变现之道

重庆的李子坝站，这座曾经冷清的高架车站，如今已焕然一新，成了一处网红打卡热门地点。下方的步行道、红绿灯、车辆分割栏、观光栈道以及琳琅满目的特产店、火锅店和特色小吃店，共同呈现了这片区域的繁华。李子坝站的转变，得益于重庆在抖音等社交媒体上的走红，让它一夜之间成了一座"网红"城市。随之而来的，是这股热潮不仅吸引了众多游客前来打卡，也推动了当地经济的发展，让李子坝站成了一个充满活力和魅力的地方。

从李子坝站的走红可以看出，短视频作为一种新兴的社交媒体平台，具有强大的传播力和影响力。当然，它对广大商家的重要性也是不言而喻的。如今，在我们的周遭，短视频 App 已成为人们生活中不可或缺的一部分，在数字时代的流量盛宴中，它无疑占据了一席之地，同时也成了最活跃的流量池。

本模式将探讨的是线上短视频＋线下合伙人模式，这种模式的核心在于指导企业如何在短视频平台庞大的流量池中，巧妙地分得一杯羹。这种模式旨在通过短视频平台现有流量池，轻松获取自己的流量，它主要是实现线上线下相结合，共同拓展业务，以此提升本企业产品的市场份额。再加上精准定位和内容策划，企业可以将自己的产品和服务呈现在目标消费者的眼前，从而实现流量变现。

该模式可被拆解为两个核心平台来理解，分别是线上短视频平台，即企业或个人通过在抖音、快手等短视频平台上发布内容，吸引粉丝和流量，进行品牌推广、产品营销或个人 IP 的打造。线下合伙人平台，即企业或个人招募线下的合作伙伴，这些合伙人可能拥有实体店铺、本地资源或特定的技能和知识，他们负责在线下拓展业务，提供本地化的服务或销售产品。

线上短视频平台用于内容营销，建立品牌形象，吸引潜在客户，然后将这些流量引导至线下合伙人的实体店铺或服务点。线下合伙人利用自己的资源和能力，为客户提供服务或销售产品，同时也可以通过自己的渠道去推广线上平台的内容，这种方式结合了线上和线下的优势，形成双向引流，实现了线上流量的线下转化。

线上短视频 + 线下合伙人模式与传统的合伙人模式在本质上都是通过合作共赢的方式来扩展业务和增加收益的，但它们在具体的运作方式和策略上有所不同。以下是两者的一些主要区别。

（1）渠道和平台的差异：传统合伙人模式通常是基于线下实体店面的合作，合伙人之间可能共同投资、分享利润，并在一个物理空间内共同经营。线上短视频 + 线下合伙人模式结合了线上短视频平台的强大流量和影响力，以及线下合伙人的实体资源。这种模式利用线上平台进行品牌建设和营销，然后将流量引导至线下实体店面或服务点。

（2）目标市场和客户获取：传统合伙人模式可能更多地依赖于本地市场和口碑传播来吸引客户。线上短视频 + 线下合伙人模式通过短视频平台触及更广泛的受众，利用内容营销和社交媒体策略来吸引潜在客户，并将他们转化为线下合伙人所在地区的实际消费者。

（3）合作方式和激励机制：传统合伙人模式可能更多地关注股权分配、利润分成等财务合作方式。线上短视频 + 线下合伙人模式可能更注重品牌一致性、市场推广协同和客户体验的统一性。线上平台提供的内容和营销策略需要与线下合伙人的服务和产品保持一致，以确保客户在线上和线下都能获得相似的体验。

（4）技术和内容的角色：在线上短视频＋线下合伙人模式中，技术和内容创作扮演着重要角色。短视频内容的创意和制作质量直接影响到线上用户的吸引力和参与度。传统合伙人模式可能更侧重于实体经营、供应链管理和客户服务等方面。

（5）市场适应性：线上短视频＋线下合伙人模式更适合数字化、网络化程度较高的市场，以及追求新鲜体验和社交互动的年轻消费者群体。传统合伙人模式可能更适合那些对线下服务和实体店面有较高依赖性的行业和市场。

总的来说，线上短视频＋线下合伙人模式是一种更加现代化、数字化和社交媒体驱动的商业模式，它结合了线上营销的广泛覆盖和线下服务的实体体验，以实现更有效的市场渗透和客户转化。

在电商的冲击下，实体店面临前所未有的挑战，正逐渐淡出消费者的视野。然而，线上短视频＋线下合伙人模式的出现，为实体店带来了新的生机，使其也能分享到网络时代的红利。譬如抖音的蓝Ｖ认证功能，其最大的特色便是其同城推荐机制。当用户发布视频时，若带上店铺的定位信息，抖音便会自动将视频推荐给附近的人群，实现精准的引流。此外，抖音还提供了落地页、店铺链接、电话链接等功能，对实体店商家而言，这些功能无疑极为友好，有助于他们更好地拓展线上业务，吸引本地消费者。

一方面，短视频平台凭借其独特的优势，为商家提供了拓宽产品销售渠道的机会，使得商家的产品能够触及更广泛的受众群体。短视频平台的引流功能，不仅增加了商家的可见度，还提升了产品的流量。此外，短视频平台还具备扶持机制，鼓励商家创作优质内容，从而提高粉丝的黏性。随着粉丝群体的增长，商家可能会吸引其他商家寻求付费推广的合作机会。

另一方面，短视频平台也希望吸引更多商家入驻，因为优质商家的入驻能够提升平台的吸引力，吸引更多用户。当平台达到一定规模时，平台可能会从交易中抽取一部分费用。商家的产品销量越好，平台获得的分成也越多。在这种模式下，平台与商家形成了一种相互成就的关系，商家通过平台获得收益，平台则通过商家的成功获得更多用户和收入。

总的来说，短视频平台与商家的合作是一种双赢的关系，双方共同推动了平台的繁荣和商家的成长。

创意精粹:
短视频内容制作

在当今这个信息爆炸的时代,短视频已经成为一种非常重要的传播方式。企业或个人如果能乘上互联网短视频的快车,那么利润便会像滚大的雪球一般向你砸来。"线上短视频+线下合伙人"模式,靠的就是将线上短视频的传播力和线下实体的落地服务相结合,用短视频发力,同时给品牌和产品带来巨大的曝光和销售机会。

既然要依靠短视频实现发展,那么视频内容的制作就会成为一个非常重要的环节。

短视频的时长通常在 15 秒到 5 分钟,抖音、快手等是目前国内最大的短视频平台。短视频因其"短平快"的特点,满足了许多现代观众的特定需求和偏好,吸引了大批的观众,俨然已经成为现代民众的主要娱乐方式。

短视频能火,主要还是因为它"又短又快"的特点,一个视频只有十来秒,在这短短十来秒之内便能抛出一个或多个爆点、爽点,这让观众在极短时间内就能获得信息或娱乐,非常契合当下快节奏的生活方式。尽管这种娱乐被人们调侃为"奶头乐",但它仍然是实实在在地创造了一个新的流量时代,掀起了碎片化娱乐的狂潮,迅速席卷了全球各地,也带来了不可胜数的流量经济。

企业能不能搭上新媒体的快车，能不能借彼之势创造自己的胜利，就要看它的短视频做得成不成功了。我们了解一下短视频的制作与运营的整个流程。

首先，在制作短视频内容之前，我们需要了解目标受众的需求，包括他们的兴趣、偏好和消费动机。只有先了解受众的需求，我们才能制作出有吸引力的内容，满足他们的需求。

其次，就是内容制作这一环节了，企业应根据目标受众的需求和品牌定位，确定短视频的内容形式。这包括故事叙述、教学视频、品牌介绍等。企业只有选择合适的内容形式，才能够更好地传达品牌信息，吸引受众的注意力，从而取得事半功倍的效果。

最后，在拍摄短视频之前，我们需要策划一个详细的脚本。这包括故事情节、对话、视觉元素等。一个好的脚本可以引导观众了解视频的核心内容，同时也可以增加视频的吸引力。同样地，编写一个引人入胜的脚本也需要考虑视频的类型、目标受众和品牌故事。以下是一些编写吸引人的脚本的关键步骤和技巧。

1．编写引人入胜的开头

开头要迅速吸引观众的注意力，可以通过设置悬念、展示问题或提出有趣的问题等方式。

2．添加情感元素

企业要善于运用情感元素，如幽默、紧张、感动等情绪，这种表现方式虽然不是必要的，然而如果用得好，就可以极大地调动观众的情绪。这样不仅增强了观众的观看体验，还能吸引到流量。

3．使用具有吸引力的视觉元素

视频是用来看的，而要做出夺人眼球的短视频，就要让短视频充满"爆点"，所以有冲击力的视觉元素也是必不可少的。因此，企业可以选择契合人们期待的视觉元素，将其添加在合适的位置，来快速获得留存率与点击率。

4. 修改和润色

好的内容大多是修改出来的，短视频想要出爆款，其脚本也需要经过多次修改和润色，应力求使内容流畅、连贯。为此，可以邀请他人观看并提供反馈，并根据他们的反馈对短视频内容进行调整。

拆解完脚本制作的基本流程后，我们再来聊一聊短视频的具体内容创作。短视频想要吸引人，除了要具备炸裂的视觉元素外，它所涉及的题材、内容也很重要。在竞争日益激烈的自媒体市场，创新是必要的，只有创新，才能让不确定的流量变为确定的经济来源。让视频内容更具创意，对制作者而言是一个挑战，但只有做到了这一点，才是提高观众吸引力和品牌影响力的关键。

1. 创新形式

企业可以尝试不同的视频格式，如动画、微电影、互动视频等。抑或是结合多种视觉元素，辅之以新兴技术的力量，采取如特效、动态图形、增强现实（Augmented Reality，AR）、虚拟现实（Virtual Reality，VR）等的新样式。因为新的视频模式总是能够让民众眼前一亮的。一般来说，只要是导向正确、质量过关、形式新颖的内容，基本都会获得大批流量。况且，如果采用了一些特别前沿的特效或技术，也会因为其较高的技术门槛而远超同类竞争者。总之，这是一个值得深挖和研究的方向。

2. 抓住热点

短视频制作人员要具有非常灵敏的新闻嗅觉，要时刻盯着近期的热点，看有哪些被热议的话题有发挥的空间？如果有，就将其灵活地运用在自己的短视频中，毕竟短视频结合热门话题和趋势是提升内容曝光度和吸引观众的重要策略之一。因此，制作团队一旦发现热门话题或趋势，就要尽快制作相关视频，以抓住观众的注意力。制作团队还需要利用社交媒体和新闻平台上的实时更新，确保内容的新鲜度和时效性。至于具体内容，可以是深入分析，如分析热门话题背后的原因、影响和意义，提出一些独特见解或观点，增加对热点话题的深度讨论价值；也可以利用创意手法，如幽默、讽刺、比喻等，表达对热门话题的看法，这里主要应体现创意表达，不应太死板，要使其符合大部分企业和民众的调性。

还可以采用一些互动视频的方式，增强短视频的娱乐性，比如在视频中提出问题或话题，鼓励观众参与讨论和分享。总之，就是要借助原本就有的热点话题，再使其进一步发酵，通过吸引民众的注意力，帮助企业把更多的流量收入囊中。

当然，短视频想要吸引流量的方式还有很多，如运用不同的拍摄方式、剪辑手段、营销手段，甚至包括在标题上，都大有文章可做。这些内容将在下面的章节中进行详细阐释。

夺人眼球：
为短视频带来巨额流量

上一节主要讲了短视频的内容制作方面，拆解了脚本制作的流程，并提及形式和内容上的创新。那么本节的内容，主要讲一讲短视频如何通过各式各样的营销手段、拍摄手段来增加其曝光量，吸引巨大的流量。

首先，视频要有吸引力，质量至少要过了基本线、合格线。什么是合格线？就是逻辑清晰合理，视频画质清晰，音质无杂音。当然，这仅仅是达到基本线而已，远远达不到优秀的程度。面对很多这样的视频，观众只会看一眼便划走了。因为它没有炫酷的技术流，也没有创新点，这样的视频是无法引起观众的兴趣和共鸣的。

拍摄出高质量的视频也是需要综合考虑多个因素的，首先在拍摄上，就要选择合适的设备。如果有足够的预算，通过使用专业的摄像机可以获得更高质量的图像和音频。有条件的话，还可以配个稳定器，以减少视频的抖动，这样就能拍摄出更平滑的视频。

当然，现在的智能手机也十分先进了，所以小品牌、小企业完全可以使用智能手机来进行一些基础的拍摄。在预算不多的情况下，千万不要把钱全部死磕在专业摄影设备上，因为现代智能手机的摄像功能已经非常强大，可以拍摄出专业级的效果。

除了配备摄像设备，还需要配备外部麦克风，如指向性麦克风或无线麦克风，这样可以获得更好的音频质量。总之，需要减少环境噪声，确保音频清晰。

制作团队还要学习基本的摄影构图方法，如三分法、对称法等。尝试用不同的拍摄角度进行拍摄，多多学习提高拍摄技术，增强对观众的视觉吸引力。基本的一些后期制作，如剪辑、颜色调整、添加音乐和特效等，也是短视频创作团队必须要掌握的。在创作之余，其实可以多看看别人制作的一些爆款视频，学习这些视频的拍摄方法、剪辑手段等，通过学习别人的技巧来提升自己的拍摄水平，毕竟短视频的拍摄总是有一些相似之处。

再到营销策略上，"线上短视频＋线下合伙人"模式即利用新媒体破局，它的关键在于如何将线上流量转化为线下销量，同时利用新媒体的传播力和互动性来提升品牌知名度和用户参与度。

利用各个新媒体平台的特点，来增加视频内容的曝光率。新媒体平台是多样化的，不同的平台具有不同的优势和用户群体。比如抖音有挑战赛，此时就可以加入热门挑战赛，创作与挑战赛主题相关的内容，多用一些热门音乐或舞蹈。B站这个短视频平台则不同，它是一个以二次元亚文化为主要特色的视频平台。当然，随着时代的发展，平台的调性也会有所改变，但总体上还是以年轻人为主的亚文化群体偏多。企业如果想在B站上有热度，则必须创作与亚文化相关的视频，如动漫影视剪辑、COSPLAY等；还可以利用B站的弹幕功能，增加与观众的互动和参与感。

企业可以寻找与品牌调性相符的KOL或网红进行合作，通过他们的影响力来推广自己的线下业务；还可以鼓励KOL或网红分享他们的线下体验，并邀请粉丝参与互动。总之，要利用合作伙伴的资源和影响力，尽可能地扩大视频的传播范围。

为了提高视频的曝光率，视频的标题和描述也是非常值得我们"大做文章"的。标题做得好，对于曝光率来说是非常重要的。当然，相关的关键词和标签也有重要的作用，下面我们将一一分析。

首先，我们要研究关键词或者核心焦点，短视频本身就有"放大"的功效，对应到标题上，便是对"夸张内容"的再一次凝练或夸张。说得更具体一些，便是要将观众的感受放大，让他们有想点进来看的欲望。

比如使用情感共鸣，情感共鸣可以让观众产生观看的冲动，因此标题中可以包含一些能够引起观众情感共鸣的词语或短语；比如设置悬念，即在标题中放置一些能够引起观众好奇心的问题或悬念；也可以使用一些当前的流行词汇和短语，制造出一些具有"反差感"的标题。

其实不管采用什么样的方式，都要依据不同的平台和受众来进行。首先，企业要了解目标平台的特点和用户习惯，并根据平台特性来调整标题；其次，还要多尝试不同的标题，观察哪个标题的点击率最高，根据测试结果和历史数据分析来优化标题。持续优化和测试是提高短视频曝光率的关键，在前期，任何视频都是需要不断进行调整和优化的。

另外，选择合适的话题标签也是提高短视频曝光量的重要策略之一，只不过一个主要放在"台前"，主要针对用户的视线，一个是处于"幕后"，专门针对平台的推广机制。

由于不同社交媒体平台对话题标签的使用和推荐算法不同，所以了解每个平台的特性就可以帮助你更有效地选择话题标签。除了做到这一点，还需要研究你的目标受众通常使用的标签，以及他们可能搜索的标签是什么。想要扩大群体的话就要考虑你的内容可能吸引的是哪些观众群体，这样才能添加与他们相关的话题标签。

有些时候，也可以进行大胆尝试，比如现在各个平台上都流行的"发疯文学"，有创新能力的制作团队也可加以借鉴，尝试用一些比较有新意的、独特的标签和标题，尤其是与你的品牌或内容相关的标签，这样就可以提高你的视频内容的独特性和曝光率。

虽然使用多个标签可以增加曝光机会，但过度使用也可能导致你的内容被标记为垃圾信息。一般来说，标签还是尽可能地契合内容主题，通常建议使用 3 ~ 5 个相关话题标签，再根据上述的建议和自己的作品性质来做一些调整。

　　有些时候看，流量是一种玄之又玄的东西，但如果找对了方法，即使做不到篇篇大爆，但做到持续稳定的"小爆"还是有迹可循的，所以制作团队对于流量的运作一定要有耐心。在后面的章节中我们也会进行一些详细的案例分析。

案例洞察：
短视频营销策略剖析

　　抖音生活服务发布的《2023 年度数据报告》显示，2023 年抖音生活服务平台总交易额增长 256%，门店共覆盖 370 + 城市，相比去年，平台短视频交易额增长 83%，平台直播交易额增长 5.7 倍。抖音俨然已成为本地服务业中不可或缺的营销工具，众多实体商家纷纷涌入抖音，借助短视频、直播和团购等多种形式，实现了线上推广与线下促销的完美融合。在这样一个竞争激烈的环境中，实体商家亟须吸引更多关注和客户，这已成为他们面临的核心挑战。鉴于此，笔者分享一些案例，供大家参考与学习。

1. 百果园

　　顾客在抖音上确认商品和价格后，前往门店进行核销，并享受门店提供的特色服务，如免费洗切等，从而形成了一个线上种草、线下体验的闭环。

　　相较于满减券，百果园更倾向于使用商品券。这是因为，对于非标品行业，不同地区对商品的需求和认知存在差异，满减券的适用性也会有所不同。例如，89 元代 100 元的代金券在高净值区域可能力度较小，而在饱和区域则可能折扣过大。因此，他们更倾向于通过商品券来开展活动。

　　商品券的使用比代金券更加直接，顾客在使用时可以清晰地了解到所购商品的重量、大小等信息，从而做出更明智的购买决策。相比之下，满减券更适合餐饮等需要点单后计算总价的行业。而对于水果等零售行业，商品券更能满足顾客所见即所得的需求，让顾客能够买到自己想要的商品。

2. 景区

随着数字旅游的蓬勃发展，短视频平台成为展现和推广旅游资源的关键渠道。2023 年年初，淄博烧烤的火爆让一个原本普通的八大局便民市场，在五一期间的日接待量超过 18 万人次。此外，"特种兵旅游"和 City walk 等现象，也展示了目的地从被关注到爆火的迅速转变，一条视频就能让一座城市成为热门旅游目的地。短视频平台不仅为景区提供了新的营销方式，也改变了旅游行业的传统分销模式，使得旅游资源方能够直接面对消费者，缩短了触达消费者的链路。

3. 美容服务

在短视频领域，抖音和快手以其庞大的用户基数和极高的活跃度，成为美容产品店推广的首选平台。在这里，商家可以发布各类视频内容，包括产品介绍、使用教程、美容技巧等，以吸引目标受众的注意力。而小红书和微视则因其独特的社区氛围和内容生态，更适合美妆博主分享测评视频和种草内容，从而为产品带来更多潜在的消费者。线下美容院通过与网红合作，借助网红庞大的粉丝基础和关注度，能够迅速提升美容院的曝光度，扩大其知名度和影响力。美容院通过与网红的互动，可以在公众面前塑造出时尚、专业、高端的品牌形象，这对于提升美容院的市场定位和吸引高净值客户群体来说，无疑是具有巨大推助力的。

通过深入分析上述不同行业的短视频营销策略，我们归纳出三条宝贵的经验，这些经验对于企业在短视频平台上开展营销活动具有重要的指导意义。

1. 产品的精准展示

例如，美甲店的线上短视频通常通过炫丽的美甲设计再搭配优雅的音乐，为观众带来视觉与听觉的双重享受。而出售水果的商家则通过拍摄自家原生态的果园、果农辛勤劳作的场景，以及切开水果时汁水四溅的瞬间，生动地展现了水果的新鲜与自然，激发消费者的购买欲望。

2. 达人打卡

在短视频领域，达人即那些具有影响力的内容创作者，有着举足轻重的作用。他们通过创作精良的内容和积累庞大的粉丝群体，成为品牌和商家推广产品与服务的关键合作伙伴。达人通常对流行趋势和网络文化有着敏锐的洞察力，能够迅速捕捉并利用热点，为品牌带来即时的市场效应。此外，他们通过评论、直播、问答等方式与粉丝互动，为品牌提供了与消费者直接对话的宝贵机会。

3. 线上优惠

通过在直播间嵌入抖音团购和优惠券等福利，将线上观看视频的流量有效地转化为线下的实际购买力。优惠券通常会设定有效期，此举既能激励消费者在限定时间内做出购买决策，提升转化率，也有助于商家合理控制促销活动的成本，确保营销投入的效益最大化。

4. 搭建同城矩阵

通过短视频同城矩阵的运营，可以精准定位周边目标客户群体，发布相关短视频内容，能够提高品牌曝光度和用户黏性。商业变现模式决定了账号的定位，例如，如果销售的是保健品，那么可以打造一个专注于养生的账号；如果主打护肤品，那么可以建立一个专业的化妆美容号；而如果销售的是减肥产品，那么可以开设一个提供减肥小贴士的账号。

某位在国内餐饮行业深耕数十年的企业家发现，通过抖音平台引入的顾客中，有高达80%的人此前从未涉足其店铺。这一发现揭示出抖音不仅为商家带来了直观的客流增长，还产生了隐形的长期效果。消费者不仅对品牌或店铺有了初步认知，更有可能进行二次传播或通过其他渠道进行消费。

在生意场上，随着市场规模的扩大，商家、品牌和用户的需求也随之增加，行业的想象力得以拓宽。借助短视频平台病毒般的传播速度，实体商家得以突破"酒香也怕巷子深"的传统困境，重新获得了登上商业竞技场的入场券，在电商主导的市场中确立了自己的地位。

平衡之道：
保持线上线下的一致性

正如前文所阐述的那样，线上短视频指的是通过互联网短视频平台，如抖音、快手等，发布各种短视频内容吸引用户关注和参与。这些平台具有用户基数大、传播速度快的特点，可以为品牌和产品带来巨大的曝光量。而线下合伙人则是指在现实世界中，拥有实体店面或者服务能力的个人或企业。他们通过与线上短视频内容创作者或平台合作，将线上的流量引导至线下，实现产品或服务的销售，从而完成商业运营的闭环。

把这两个概念再单独提出来进行阐释之后，我们可以更加清楚地知道，"线上短视频+线下合伙人"是一种结合了线上短视频平台的强大传播力和线下实体商业的落地服务，共同创造商业价值的新兴商业模式。这种商业模式主要讲求的便是享受到新媒体平台的流量红利，利用流量变现来生钱，以此吸引大量用户关注，还能实现业务的快速增长和市场的有效拓展，这主要依赖的都是"线上"的部分。而"线上短视频+线下合伙人"模式是非常讲究线上线下相一致的。

如果说"线上短视频"是面子，是要打冲锋，去为企业产品或服务做包装，那么"线下合伙人"便是为其托底的板块，是要落到实处的。比如电商带货，线上的短视频无论用任何剪辑手段、营销手段来宣传自己的产品都可以，但是线上展示的产品或服务必须与线下实际提供的相一致，这关系到企业品牌的信誉问题。当顾客在不同渠道获得一致的体验时，他们会更加信任品牌和其提供的产品或服务。这种信任是建立长期顾客关系和促进复购的关键。

一致的服务和体验还有助于建立和维护一个统一的品牌形象。如果把这部分的统一性打造好了，那么顾客无论在线上还是线下进行互动时，都能感受到品牌的统一性，这将会极大地增强品牌的可信度和专业形象，也会增强企业的市场竞争力。消费者必然更愿意为这样的企业、这样的产品或服务埋单。

当然，企业的品牌形象不仅局限于顾客的购买体验和品牌信誉，也与企业生产效率有很大的关系。比如，线上线下的一致性可以使得企业资源（如库存、促销活动等）得到更有效的管理。试想，如果线上线下这两端不统一，那么必然会在生产的环节上因为各式各样的偏差、纠错、反馈等，消耗许多宝贵的时间和资源。同时，这也是一个"力往一处使"的最好例证，极大的统一性会在最大程度上避免线上线下两端拉扯的情况，线上短视频的营销效果也可以通过线下的实际体验和购买得到加强，从而实现营销效果的最大化。

许多企业，在刚刚踏入互联网与新媒体的巨大流量池中时都会觉得头晕目眩，当时一猛子扎进去了，一下子很难克服自己的贪婪心理再爬出来，反而最终因为线下出现了各式各样的问题而又跌入泥潭。尽管线上的短视频模块太有诱惑力，企业家们也一定要牢记，这个模式还需要有"线下合伙人"这一落地的模块，不能顾此失彼。只有两两相衡才是胜利之道。在此，笔者为企业家们提出了如下建议。

一、品牌定位一致

一个品牌要建立起自己的信誉与形象，首先要解决战线统一的问题。也就是说，在不同的营销渠道和接触点上，无论是线上还是线下，品牌传达的信息和形象都要保持一致。这种一致性非常有助于建立和维护品牌的信誉，提高品牌识别度，增强消费者对品牌的信任和忠诚度。

企业首先要明确自身品牌的核心价值，确保所有团队成员都理解并能够传达这些核心价值；其次要确保线上短视频内容和线下业务传达的品牌形象、价值观和定位是一致的。这可以通过使用相同的视觉元素（如标志、色彩、字体）和统一的品牌口号或标语由外到内地推动品牌形象的建立。我们要知道，品牌形象的建立是一个漫长的过程，而定位一致是最基础的层面。

二、产品信息准确

要做好线上线下的一致性，产品这一关尤其不能放松。线上短视频中展示的产品或服务信息必须与线下实际提供的产品或服务完全一致，不能仅仅为了流量就随意地夸大其词或误导消费者。虽然获取流量可以用很多方法，比如拍摄技术、剪辑等。但是产品是要真正交付到客户手上的，即使不是特别出彩，但是质量必须合格。毕竟在短视频里你充分勾起了顾客的兴趣，并为你的产品下了单，总不能让兴冲冲的顾客收到不合格的产品吧。维持统一性，就是确保顾客的期望在线上和线下都能得到满足，才能使自己的企业得以可持续发展。

三、营销活动同步

确保视频内容和线下活动同步更新是保持品牌信息一致性和顾客体验的关键。如果线上短视频中推广了特定的优惠或活动，线下业务必须同步执行这些优惠或活动。确保顾客在线上了解到的促销信息在线下可以得到兑现。

为了使辅助活动的时效性得以体现，企业可以建立一个中央内容管理系统，用于存储和分发视频内容及其相关信息。这样，任何更新都可以从单一源头快速传播到所有渠道。并建立一个跨部门的团队，包括市场营销、内容创作、销售和客户服务等部门，团队要共同协调线上视频内容和线下活动的更新，还要定期参加相关培训，了解最新的内容更新和活动计划，以及在不同渠道上保持一致性的具体现实措施。这个团队需要拥有详细的编辑日历，用来规划视频内容的发布时间和线下活动的日期，还要建立有效的沟通机制，如定期的团队会议、项目管理工具和即时通信群组，确保信息能够快速流通。

如果可能，应整合线上平台和线下销售点系统，以便实时更新库存信息和促销活动。

总之，线上线下保持一致性无疑是帮助企业实现长远发展的好策略，无论如何，在抓住新媒体跳板的同时，还要兼顾一下现实是否能与之相匹配。

模式 10

三流合一
（信息流＋客流＋现金流）

流量魔法：
商业的命脉

　　在当今的商业环境中，无论企业是处于线上还是线下的经营模式，流量都是企业持续发展与壮大的重要驱动力。在商业活动中，流量可以被细分为三个关键组成部分：信息流、客流和现金流。信息流涵盖公司通过各种渠道传播的信息总量；客流指的是实际访问的潜在客户的数量；现金流则关乎公司在运营过程中资金的流动状况。这三者相互依存，共同构成了企业生存与发展的"生命线"。在"三流合一"的概念中，"合一"指的是将信息流、客流和现金流这三个原本独立运作的流程整合在一起，使它们相互协调、相互支持，从而提高了整体的运营效率和效果。当然，这种整合不是简单的物理合并，而是通过策略、技术和流程的优化，实现数据和信息的高效流通，以及资源和行动的同步。

一、整合信息流

信息流，即企业信息的传播，包括品牌、产品、服务、促销活动等信息的推广。这是企业运营的基石，因为只有当潜在客户了解企业及其产品或服务时，他们才有可能成为企业的顾客。信息流如同企业的先导，其重要性不言而喻。即便企业的产品和服务质量再高，若无人知晓，亦无法吸引顾客。若客户不知晓企业的存在，他们自然不会前来消费。因此，信息流是获得客户的关键所在，它能确保客户知晓企业的存在，进而找到并进行消费。

二、优化客流

客流量，作为衡量一个场所或商家人气与价值的重要指标之一，我们将其定义为特定时间内访问或访问某企业的顾客数量。在传统意义上，客流量更多地与交通运输相关联。然而，在商业领域，客流量特指实际到访企业的顾客。许多人往往只追求客流量的增加，而忽略了信息流的重要性。实际上，客流量的增长是建立在有效信息流的基础之上的，因为只有当潜在顾客知晓企业的存在，他们才有可能成为企业的客户。因此，客流量的先决条件是信息流，它为客流量的增长奠定了坚实的基础。

三、增值现金流

现金流，即企业现金的流动，如同企业的血脉，承载着企业的生命活力。它既包括资金的流入（收入），亦涵盖资金的流出（支出）。现金流的管理，对于企业的健康运营起着至关重要的作用，犹如生命体需呼吸以维持生命，正常的现金流能够确保企业持续运作，保持其运营的活力和动力。

四、三流之间的关系

信息流、客流和现金流三者之间相互作用并有着密切的依赖关系，它们共同构成了企业运营的核心动力。设想有一个木桶，它是由三块长度不一的木板构成的，这象征着企业的信息流、客流和现金流。如果其中一块木板较短，木桶的容量将受到制约。同理，在企业的运营中，若信息流、客流或现金流中的任何一个环节存在短板，企业的整体运营效率和成功也将受到制约。例如，信息流的不足将导致企业缺乏决策所需的数据，从而难以做出明智的选择，客流的减少将直接影响企业的销售和收入，而现金流管理的疏忽则可能带来财务风险。

可见，信息流、客流和现金流是企业运营中不可或缺的三个维度，它们共同决定了企业的整体表现。只有当每一个维度都得到充分的关注和管理时，企业的运营才能达到最佳状态，就像木桶的每一块木板都足够长时，才能装满一桶水。

（1）信息流：作为客流和现金流之间的桥梁，扮演着重要的角色。它涵盖了数据的收集、处理、分析和传递，包括市场趋势、顾客偏好、库存水平、销售数据等关键信息。通过高效的信息化管理，企业能够深入洞察市场和顾客需求，从而精准制定营销策略和库存管理计划，进而对客流量和现金流产生积极影响。

（2）客流：客流量的增长通常预示着销售潜力的增强。通过深入分析顾客的行为和偏好（信息流的核心组成部分），企业能够更精准地吸引和维护顾客群体，进而提升销售额，促进现金流的增长。

（3）现金流：现金流是企业生存和发展的血液。它直观地反映了企业的财务健康状况。客流量的增加往往伴随着销售额的提升，也进一步增加了企业的现金流入。与此同时，通过有效的信息流管理，企业能够优化成本结构，降低不必要的花费，从而改善现金流状况，为企业的持续稳健发展奠定坚实基础。

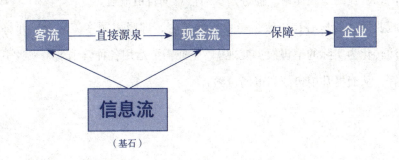

（基石）

综上所述，信息流为客流和现金流提供了坚实的基石，客流是获得现金流的直接源泉，而现金流的健康则保障了企业持续运营与成长的生命力。这三者之间的和谐统一与持续优化，不仅能够显著提升企业的运营效率，还能够增强其市场竞争力，为企业的长远发展源源不断地注入动力。

五、三流合一的创新性

1．业务流程的整合与优化

三流合一要求企业重新审视并重构其业务流程，将原本分散的信息流、客流和现金流有机地整合在一起。这种跨部门的协同合作可以消除冗余，提升效率，进而实现业务流程的优化与创新。

2．数据驱动的决策模式

通过整合来自多个渠道的数据，企业能够基于详尽的信息资源进行决策，而非局限于片面或过时的数据。这种决策方式不但提高了决策的准确性和时效性，更是管理创新的重要体现。

3. 组织结构与文化创新

三流合一的企业需打破部门间的壁垒，实现跨部门的协同合作。这种变革不仅重塑了企业的组织架构，也促进了文化上的创新，有助于构建一个更加灵活和敏捷的组织体系，促进知识与信息的自由流通。

商业活动的核心在于流量与变现的结合，即吸引顾客（流量）并将他们的关注转化为实际的销售额（变现）。企业需要运用各种营销策略来吸引和留住顾客，从而提升销售额和市场份额。

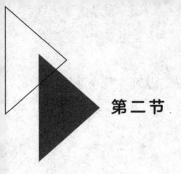

第二节

传播优化：
信息流优化

在数字化和互联网技术的推动下，三流合一的概念在现代商业中变得越来越重要，尤其是在电子商务和智能供应链管理领域。通过技术的整合，企业能够更加精准地进行市场定位，提高运营效率，最终实现业务增长和利润提升。

而随着互联网和数字技术的飞速发展，信息的传播速度和范围也达到了前所未有的程度，也前所未有地要求企业更加有效地管理和利用信息流，以提高运营效率、增强市场竞争力并满足客户需求。我们应该明白，在当今的商业环境中，信息流优化已成为企业成功的关键因素之一。

本节也将对如何优化信息流这一问题进行探讨，分析如何利用数据驱动推动业务增长，推动企业的可持续发展。

一、信息流

信息流是企业内部以及企业与外部利益相关者之间的数据和信息交换过程。它涉及市场研究、客户反馈、库存水平、销售数据等多种信息。高效的信息流确保了将正确的信息在正确的时间传递给正确的人，从而支持企业更好地进行决策。

信息流的重要性体现在以下几个方面：

1．提高决策效率

互联网的普及使得信息能够实时获取和传播，企业可以更快地收集市场信息和客户反馈，从而加速决策过程。而准确和全面的信息会帮助企业做出更高质量的决策，提高企业的战略规划和执行能力。

2．降低运营成本

自动化和智能化的信息流处理能够帮助企业减少重复工作和手动操作，从而降低运营成本和错误率，提高了企业的运营效率。

3．增强客户满意度

及时、准确地获取客户需求和反馈，企业能够更好地满足客户需求，提高客户满意度。

4．提高竞争力

通过快速响应市场变化和客户需求，企业能够更好地抓住商机，提高市场竞争力。

在当今这个信息化时代，掌握信息便是企业制胜的王道，是企业决策、运营、创新和获得竞争力的核心。

二、信息流优化的策略与方法

为了优化信息流，企业可以采取以下策略和方法。

1．数据集成与共享

数据集成与共享是信息流优化的关键组成部分，它将不同来源和系统的数据合并在一起，以便于企业内部和外部的使用。

数据集成主要是通过建立统一的数据存储和访问平台，来实现不同部门的应用之间的数据集成和共享的。这有助于打破信息孤岛，提高数据的一致性和可用性。企业可以采用数据建模的方法，设计数据模型，定义数据结构、字段和关系，确保数据模型能够满足业务需求，并适应未来的变化。在实施数据集成的过程中，数据要从源系统传输到目标系统，此时企业就要格外注意，要确保数据在传输过程中保持一致性和完整性。

2. 自动化与智能化

在信息流优化的过程中，自动化与智能化是两个关键的策略。利用自动化工具和人工智能技术，可以实现数据的自动收集、处理和分析。这可以大大提高信息处理的效率和准确性，减少许多人为的错误。

因此，企业就可以直接利用现在已经普及的人工智能和一些学习机器，从简单的操作开始，通过分析数据、学习技术来实现预测分析的自动化。企业应通过自然语言处理等技术，掌握自动化文本分析和客户服务响应的技术，以此来优化信息流。

3. 数据清洗

数据清洗是数据处理过程中的一个重要环节，它旨在提高数据的质量，确保数据的准确性和可靠性。在信息流优化中，数据清洗扮演着关键角色，因为它直接影响到后续的数据分析和决策制定。

数据清洗是指识别和纠正（或删除）数据集中的错误、重复、不完整或格式不正确的记录的过程。数据清洗的目的是提高数据集的整体质量，使其更适合做进一步的分析和处理。将数据清洗这个步骤做好了，就可以减少其他很多不必要的步骤，大大提升了运行的效率。

企业要学会识别并删除完全相同或非常相似的数据记录，以规避在分析时造成的偏差。在处理数据中的缺失值时，可以选择填充（如使用平均值、中位数或众数），或者如果数据重要，可以尝试从其他来源获取。还要使数据格式标准化，确保所有数据遵循一致的格式，例如日期、货币单位或地址格式。当把所有的数据进行规范化、统一化后，再进行一些纠错和检验逻辑环节，才算完成了数据清洗的工作。

三、信息流优化的实施步骤

信息流优化是一个系统工程，需要企业进行全面的规划和实施。信息流优化具体要如何实施呢？笔者在此也给出了几点简略的流程分析。

（1）目标设定：明确信息流优化的目标和预期成果，确保所有参与部门都在朝着共同的目标努力。

（2）需求分析：深入了解企业的信息流现状，识别存在的问题和改进的机会。

（3）技术选型：选择合适的技术解决方案，支持信息流的优化。包括数据集成平台、数据分析工具、数据治理工具等。

（4）流程重构：重新设计信息流相关流程，消除冗余环节，提高工作效率。

（5）系统开发与部署：根据需求分析和技术选型，进行系统开发和部署。

（6）培训与推广：对员工进行系统培训，确保他们能够熟练使用新的信息流工具和流程。

（7）持续优化：建立持续优化机制，定期评估信息流优化的效果，并根据反馈和市场变化进行调整。

四、信息流优化的挑战与应对措施

在信息流优化的过程中，企业可能会遇到一些挑战。但无论是什么挑战，都有相应的解决办法，企业可以学习下文提到的一些应对措施来防患于未然。

（1）数据质量和一致性：数据质量和一致性是信息流优化的基础。企业需要建立严格的数据清洗和验证机制，确保数据的准确性和一致性。

（2）技术难题：信息流优化可能涉及复杂的技术问题，如系统集成、数据安全和隐私保护等。企业需要与技术供应商密切合作，来解决这些技术难题。

（3）员工抵触：员工可能对新的信息流工具和流程产生抵触情绪。因此，企业需要通过有效的沟通和培训，提高员工的接受度和参与度。

（4）变化管理：信息流优化是一个长期的过程，需要企业不断调整和优化。企业需要建立有效的变化管理机制，确保信息流优化的持续进行。

总之，信息流优化是企业在当今数字化时代取得成功的关键。通过有效的信息流优化，企业不仅能够大大提高决策效率和传播效率，也能为下一环节的客流乃至现金流奠定成功的基石。

引流增效：
客流管理

在成功优化了信息流之后，企业便为客流和现金流的增长打下了坚实的基础。客流作为三流中最具活力和不可预测性的环节，其稳定性的提升对于企业的长期发展至关重要。客流量的增加往往伴随着销售额的提升，这也进一步增加了企业的现金流入。一个稳定的客流，意味着企业能够更好地预测和满足市场需求，提高产品和服务的市场占有率，增强企业的市场竞争力。因此，客流的稳定性不仅是企业运营成功的关键，也是企业持续增长的基石。

一、客流量预测

商家关于客流量的预测，本质上是对一段时间内用户网络购买意图的精准预判。利用预测分析来揭示用户的行为模式、喜好和兴趣，从而深入理解消费者的需求，实行精确的市场推广，提升经营效率，目的是增加忠诚客户的价值、吸引新客户的价值、发掘潜在客户的价值、吸引竞争对手的客户价值以及挽回流失客户的价值。基于预测的结果，商家可以考虑根据预测客流量提前调整高峰期和平日的营销方案，优化运营策略，降低运营成本，提升用户体验。此外，这些预测结果也为人工智能在商家运营策略中的应用提供了实践性的指导意义，使得商家能够更加科学地制定和实施运营策略，从而使自身在竞争激烈的市场中占据优势。随着电子商务的发展，关于线上客流量预测的研究已经覆盖了很多场景，很大一部分是研究用户网络购买行为，以此来预测客流量。例如大众点评等在线评价和本地生活服务平台包含了大量的用户生成内容，如店铺评价、访问记录、消费数据等。同时，结合其他数据源，如天气信息、节假日安排等，提高了预测的准确性。

二、用户的消费意图分析

消费意图分析（Consumption Intent Analysis）是指通过分析消费者的行为、言论、偏好等数据，预测其未来购买某种产品或服务的可能性和倾向性。在对市场营销和消费者行为研究中，这是一种重要的工具，可以帮助企业更好地了解消费者，从而制定有效的营销策略和改善产品服务。

一般而言，消费者日常购物行为通过显式反馈和隐式反馈两种途径体现出来。显式反馈是指用户直接提供对其所使用或购买的产品的评价或偏好信息，如评分、评论、标签或分类、喜欢或不喜欢等。这种反馈通常是明确和直接的，可以为系统提供明确的指示。隐式反馈则是指用户在交互过程中自然产生的数据，这些数据反映了用户的兴趣和偏好，但不是直接表达出来的，如购买历史、浏览历史、搜索历史、点击率、观看时间等。隐式反馈的优势在于它是用户行为的自然副产品，不需要用户额外的努力，因此可以在不干扰用户体验的情况下收集大量的数据。但隐式反馈可能包含噪声，解读起来比显式反馈更复杂。在消费意图分析中，结合显式反馈和隐式反馈可以更全面地了解消费者的行为和偏好，从而提高推荐系统的准确性和营销策略的有效性。

例一：亚马逊的书籍推荐系统：亚马逊是全球最大的在线零售商之一，它的书籍推荐系统能够根据用户的购买历史和浏览行为为用户推荐相关的书籍。用户的购买历史是一种隐式反馈，表明了用户的实际购买偏好，而用户在网站上的浏览行为，如查看特定书籍的页面、搜索特定作者或主题，则提供了另一种隐式反馈。此外，亚马逊还鼓励用户提供显式反馈，比如对购买过的书籍进行评分和撰写评论。通过结合这些显式反馈和隐式反馈，亚马逊能够更准确地预测用户的购买意图，并向他们推荐其可能感兴趣的新书籍。

例二：Netflix 的电影推荐算法：Netflix 是一家提供流媒体服务的公司，它使用复杂的算法来推荐电影和电视节目给用户。Netflix 的推荐系统主要依赖于隐式反馈，比如用户观看电影的种类、频率、观看时间长度以及在观看过程中的暂停、回放行为。这些数据点帮助 Netflix 理解用户的观影习惯和偏好。此外，Netflix 还会收集用户的显式反馈，包括用户对电影的评分和搜索历史。通过分析这些数据，Netflix 能够为用户提供个性化的推荐，从而提高用户的满意度和留存率。

三、客流量预测与运营策略优化

通过深入分析客流量预测结果，商家能够洞察下一阶段客流量的大致走势，包括客流量保持稳定、客流量增长以及客流量减少三种情况。商家需要对用户的消费意图进行深入分析和解读，以理解客流量变化的内在动因。

对于客流量保持稳定的情况，商家需要维护与顾客的关系，优化运营效率，创新产品和服务，进行市场调研，以及注意控制成本。通过这些措施，商家可以在客流量稳定的情况下巩固并提升业务能力，同时为未来的增长奠定基础。

在客流量增长的情况下，商家需要扩大产能，提升服务能力，扩大宣传范围，提升产品或服务的质量，以及利用数据分析工具来预测客流量增长趋势。这些策略可以帮助商家应对客流量增长带来的挑战，进一步提升市场份额。

对于客流量减少的情况，商家需要深入分析原因，是由于市场竞争加剧、消费者需求变化，还是运营策略不当等原因。在分析完原因之后，商家就需要有针对性地调整运营策略，以应对客流量减少的情况。

通过深入分析客流量预测结果，商家可以更好地理解客流量变化的内在动因，从而制定更加精准和有效的运营策略，以实现企业的可持续发展。

流动生财：
现金流管理

　　卓越的现金流管理能够确保企业在履行账单支付或其他财务责任时有充裕的现金。即便企业拥有丰富的资产，如果这些资产无法迅速变现为现金，那么在短期内也可能遭遇财务危机的挑战。就比如某能源股份有限公司，由于融资政策缩紧、债务规模较大、部分对外投资短期无法形成现金流及收益，从而造成"短贷长投"的局面，随之于 2018 年发生债券违约并触发交叉违约条款，最终陷入了债务危机。再如 WT. Grant 公司，它在破产前一年虽然有高额利润，但由于忽视了现金流管理，其现金流量净额早在 5 年前就已经出现负数，最终导致了"成长性破产"。由此可见，若企业未能妥善管理现金流，即便它盈利颇丰，也可能因过度支出或资金运用不当而陷入债务困境。

　　企业要更好地了解企业的现金流动情况，现金流量表在此时便能起到很关键的作用。我们知道，在特定时期的现金流入与流出，是由众多因素共同作用的结果，现金流量表的作用就是对公司经营活动产生的现金流量进行细致分类，并对现金流量的用途进行清晰说明。目前来看，现金流量按其产生的原因和支付的用途不同，主要分为以下三大类：经营活动产生的现金流量、投资活动产生的现金流量、筹资活动产生的现金流量。

（1）经营活动现金流量：这一部分流量反映了企业日常经营活动产生的现金流入和流出。主要包括销售商品、提供劳务收到的现金、支付给员工的工资、支付给供应商的货款、收到的税费返还等。经营活动现金流量是评估企业核心业务盈利能力的重要指标。

（2）投资活动现金流量：投资活动现金流量涉及企业长期资产的购建和处置，以及对外投资所产生的现金流入和流出。包括购买或出售固定资产、无形资产、长期股权投资等所支付的现金，以及收回的投资本金和分得的股利等。

（3）筹资活动现金流量：筹资活动现金流量反映企业为满足资本结构和资金运作需要所进行的融资活动和偿还债务所产生的现金流量。主要包括吸收投资收到的现金、借款收到的现金、偿还债务支付的现金、分配股利、利润或偿付利息支付的现金等。

现金流是企业的"血液"，而血液是流动的，所以，通过分析企业的现金流变化，投资者可以了解企业的运营过程。运营情况不同，则企业的现金流表现会有很大差别，因此，投资者可以根据现金流表现来判断企业的运营情况，如表所示。

运营情况	现金流入	现金流出	净现金流	财务状况分析
快速扩张	高（销售收入增长）	高（投资和运营成本增加）	低/负（投资大于收入）	企业可能在投资和扩张阶段，短期内现金流可能紧张
稳定运营	稳定（正常的销售收入）	稳定（正常的运营成本）	正（收入大于支出）	企业运营稳定，现金流状况良好
收入减少	低（销售收入下降）	中等（运营成本控制）	低/负（收入减少）	企业面临收入下降的挑战，可能需要削减成本以维持现金流
成本上升	稳定（正常的销售收入）	高（运营成本增加）	低/负（成本上升）	企业成本上升，可能影响利润和现金流
投资增加	中等（销售收入稳定）	非常高（大规模投资）	低/负（投资增加）	企业投资增加，短期内现金流可能紧张，但长期可能带来增长

这个表格通过不同的运营情况，展示了企业的现金流入、现金流出和净现金流的情况，以及对企业财务状况的分析。以下是对每个运营情况的详细解释。

（1）快速扩张：企业在这个阶段通常会有较高的现金流入，主要来源于销售收入的增长。但同时，企业也需要大量的现金流出，用于投资和运营成本的增加，如购买新设备、扩大生产规模等。这可能导致企业的净现金流为低或负值，意味着企业的投资大于收入。在这个阶段，企业可能需要外部融资来支持其扩张计划。

（2）稳定运营：在稳定运营阶段，企业的现金流入和现金流出都相对稳定。现金流入主要来自正常的销售收入，而现金流出则主要用于维持日常运营，如支付员工工资、购买原材料等。在这种情况下，企业的净现金流通常为正值，表明企业的收入大于支出，财务状况良好。

（3）收入减少：当企业面临收入减少的情况时，其现金流入会降低。这可能是由于市场需求减少、竞争加剧等原因导致的。为了维持现金流，企业可能需要削减成本，如减少非必要支出、优化运营流程等。这可能导致企业的净现金流为低或负值，企业需要采取措施来改善其财务状况。

（4）成本上升：在成本上升的情况下，企业的现金流出会增加，主要是由于原材料价格上涨、员工工资提高等因素。尽管现金流入可能保持稳定，但增加的现金流出可能导致企业的净现金流降低，甚至为负值。这可能会对企业的利润和现金流产生负面影响，此时企业就需要采取措施来控制成本。

（5）投资增加：当企业增加投资时，其现金流出会大幅增加，主要用于购买新设备、扩大生产规模等。尽管现金流入可能保持稳定，但大规模的投资可能导致企业的净现金流为低或负值。在这个阶段，企业可能需要外部融资来支持其投资计划。但从长远来看，这些投资可能会带来增长，改善企业的财务状况。

现金流问题是企业在日常运营中难以彻底消除的。一旦企业的现金支出超出现金收入，现金流问题便会产生，这可能会对企业的发展产生负面影响。

（1）市场和销售问题：企业的现金流直接受到市场需求的影响。市场需求的波动、市场竞争的应对失策、销售策略的偏差，均可能对企业的现金流造成直接冲击，导致销售额的下滑，进而影响企业的资金流转。

（2）成本和费用管理问题：成本控制不当是企业现金流问题的另一个重要原因。如果不能有效地管理成本和费用，如原材料成本的不可控上涨、人力成本的持续攀升或运营效率的低下等，都会侵蚀利润空间，进而影响现金流。库存管理不善，如预测不准确导致库存积压，也会占用大量现金。

（3）投融资决策：企业的投融资决策也会对现金流产生重大影响。不合理的投资，如过度扩张或投资于无法偿还资本的项目，会导致现金流出增加。同样，不恰当的融资策略，如过度依赖债务或单一融资渠道，也会增加财务风险，进而影响现金流的稳定性。

（4）业务管理和运营问题：企业的日常业务管理和运营效率也是影响现金流的关键因素。信贷管理不善，如信贷政策过于宽松或收款效率低下，都会导致现金流延迟。此外，税收政策变化或合规成本增加等法律和监管，也会对现金流的管理造成压力。若缺乏有效的财务预警机制，企业将无法及时发现和应对潜在的现金流问题。

整合三流：
业务协同与流量落地

本模式的前面几个小节把"三流"各自拆开，详细分析了不同的流量环节中的优化措施与运营中出现的问题。根据前文内容，我们可以清楚地知道，信息流是将信息传播出去，信息传播到位，客流就会相应地跟上，现金流即意味着让客户为企业的价值买单。

那么，要如何运作才能让这"三流"更好地"合一"呢？要如何运作才能使整个环节更加高效？最后获得的流量又如何才能落地，才能转换成"现金流"呢？这便是本章中最后一个小节要谈的内容。

首先，建立统一的信息管理平台是关键。通过利用互联网、企业资源计划（Enterprise Resource Planning，ERP）等信息技术，企业可以构建一个能够实时、准确共享信息的平台。这不仅有助于降低信息传递的障碍，提高协同效率，还能确保信息流的畅通无阻。在平台上，企业可以整合各种数据源，包括客户数据、销售数据、财务数据等，以便更好地分析市场动态和客户需求。

其次，优化客流管理也是重要的一环。企业可以通过提升客户体验、开展有针对性的营销活动等方式，吸引更多的潜在客户，并将其转化为实际购买者。同时，建立完善的客户关系管理系统，有助于企业更好地了解客户需求，提供个性化的服务，从而增加客户黏性。在客流与现金流结合方面，企业可以通过优化支付流程、提供便捷的支付方式等手段，提高客户支付的效率和满意度，进而促进现金流的良性循环。

再次，加强现金流管理是实现三流协同合作的重要保障。企业需要建立完善的现金流管理体系，包括预算制定、资金调度、风险管理等方面。通过实时监控现金流状况，企业可以及时发现潜在的资金风险，并采取相应的措施进行防范和应对。同时，优化资金结构、降低资金成本也是提高现金流管理效率的有效途径。

最后，我们要促进三流之间的互动与融合，这才是实现协同合作的核心。为此，企业可以通过数据分析、数据挖掘等手段，深入挖掘信息流、客流和现金流之间的内在联系和规律，以便更好地制定营销策略、优化产品结构、调整市场布局等。同时，加强内部沟通与协作，确保各部门之间能够形成合力，共同推动企业的发展。

这三个环节共同协作，目的就是让流量"落地"。"三流合一"模式下想要实现流量变现，一般需要综合运用多种策略和方法，比如可以从精准营销、用户体验、电商交易、数据分析、跨界合作以及用户培养等方面入手，将信息流全部转化成客流，再把客流与现金流结合起来。

流量的落地有多种形式，最直观的还是需要潜在消费群体"看到"。前文提到的信息流章节中也有具体说明，需要企业进行精准营销与广告投放，利用信息流中的用户数据和行为分析，进行精准的目标用户定位。根据定位结果，在客流高峰时段或关键页面投放相关广告，提高广告点击率和转化率；或与广告主合作，提供定制化的广告服务，实现广告引流收入的增加。

实现流量变现还要依靠客户，也就是"客流"。企业还是要在优化用户体验与增加用户黏性上下功夫，比如提升相应的网站或应用的用户体验，如优化界面设计、提高加载速度等，吸引更多用户停留和互动；提供有价值的内容和服务，如免费资讯、工具或社区交流等，这一点主要是用于增加用户黏性的；还可以通过会员制度、积分奖励等方式，激励用户进行更多消费和分享。

信息流对现金流起作用，可以依赖电商，即在信息流中嵌入购物链接或推荐商品，引导用户进行购买；或是搭建电商平台或接入第三方支付，方便用户进行交易。企业可以提供优惠活动、限时折扣等促销手段，刺激用户的购买欲望。

上述都是信息流起主导作用的变现方式，而将客流与现金流结合的相关措施，有如下几个。

1. 会员制度与预付消费

这是一个把客流与现金流有效结合的具体显示措施，企业建立会员制度，通过提供会员优惠、积分奖励等方式吸引顾客成为会员，再让会员为他们的服务买单，这样现金流的作用便体现出来了。

会员可以预存一定金额的消费款项，这不仅为企业带来了稳定的现金流，还增加了顾客的忠诚度和回头率。企业可以利用数据分析，了解会员的消费习惯和偏好，为精准营销和个性化服务提供依据，完善自己的会员制度。

2. 促销活动与限时折扣

促销活动与限时折扣向来都是最吸引顾客的，通过举办促销活动或提供限时折扣，企业可以吸引大量顾客前来消费。这些活动能够刺激顾客的购买欲望，从而增加销售额和客流量。

在促销期间，企业可以利用大量的客流，合理安排现金流，把更有竞争力和高价值的商品提上来，用捆绑销售或促销活动来提升销售额。同时确保商品的充足供应和服务的及时响应，这样就能大大提升顾客的满意度。

3. 跨界合作与资源整合

跨界合作即"联名活动"。近几年来最时兴的跨界合作，不仅将"客流"很好地利用了起来，也是利用了"信息流"，利用了知识产权（Intellectual

Property，IP）本身的热度，极大地引导顾客进行消费。这是"三流合一"的优秀例证之一。因此，企业要多尝试与其他行业或品牌进行跨界合作，共同开展营销活动或提供联合服务。通过资源整合和共享，企业可以扩大客流来源，增加现金的流入。与此同时，跨界合作还可以提升企业的品牌知名度和影响力，为企业的长期发展奠定基础。

这些都是能够有效地将客流量转化为现金流的相应措施，也是实行"三流合一"的优秀例证。不仅如此，在实行"三流合一"的同时，企业还要密切关注市场动态和顾客需求的变化，灵活调整营销策略，以保持竞争优势和持续盈利的能力，从而实现客流量的增加和现金流的稳定增长。